COURS D'ÉTUDE

POUR L'INSTRUCTION

DU PRINCE DE PARME.

COURS D'ÉTUDE
POUR L'INSTRUCTION
DU PRINCE DE PARME,
AUJOURD'HUI
S. A. R. L'INFANT
D. FERDINAND,
DUC DE PARME, PLAISANCE, GUASTALLE,
&c. &c. &c.

Par M. l'Abbé de CONDILLAC, *de l'Académie françoise & de celles de Berlin, de Parme & de Lyon; ancien Précepteur de S. A. R.*

TOME NEUVIEME.

INTRODUC. A L'ÉTUDE DE L'HISTOIRE ANCIENNE.

A PARME,
DE L'IMPRIMERIE ROYALE.

M. DCC. LXXV.

TABLE
DES MATIÈRES.

LIVRE ONZIEME.

Pag. 1.

La prévoyance est nécessaire aux souverains. Comment elle s'acquiert. Objet de ce livre.

CHAPITRE I.

De la passion des Romains pour les spectacles.

Pag. 3.

Jeux du Cirque. Avec quelle férocité les Romains se portoient à ces jeux. Premiere poësie des Romains. Commencement des jeux Scéniques. Andronicus donne le premier aux Romains l'idée d'un drame régulier. A Rome comme en Grece, c'est dans des temps de guerre que les arts ont fleuri. Térence a été l'époque du goût parmi les

De l'habillement.

La tunique. La ceinture. La toge. Changements que le luxe amene dans l'habillement. Les Romains n'ont connu que tard l'usage des tuniques de lin. Leurs chaussures. La coëffure.

Des repas.

Le souper, principal repas des Romains. Luxe de la table. Usages qui se pratiquoient. Les loix somptuaires n'ont pas été un frein au luxe de la table.

Des bains.

Bains publics, construits d'abord simplement, & ensuite avec magnificence. Abus des bains. les empereurs se baignoient quelquefois avec le peuple. Quand on étoit en deuil, on ne se montroit pas aux bains.

Des promenades.

L'exercice du corps est nécessaire à l'esprit même. Le luxe fait de la promenade une occupation dispendieuse. Les grands batissoient de vastes portiques pour se promener. Portiques publics.

Des occupations des Romains dans le cours de la journée.

Comment les Romains s'assuroient de l'heure.

Ils comptoient douze heures dans la journée. A quoi ils employoient l'après midi. Dans les temps des spectacles, les jeux remplissoient presque toute la journée.

De l'urbanité romaine.

On ne peut pas se faire une idée exacte de l'urbanité. Les Romains avoient des usages qui nous choquent. Nous en avons qui les choqueroient. L'urbanité considerée dans ses causes. L'élégance françoise considerée dans ses causes.

CHAPITRE IV.

De la jurisprudence.

Pag. 51.

Il y a trois choses à considerer dans la jurisprudence. Sous les rois la jurisprudence n'étoit pas née encore. Chez les Grecs elle n'étoit pas une science. Chez les Romains elle devint une science après l'expulsion des rois. Après la publication des douze tables, les loix se multiplierent & se compliquerent. Des jurisconsultes s'établissent comme interpretes des loix. Connoissances & qualités nécessaires aux jurisconsultes. Ils étoient peu considerés pendant

la république. Ils ont commencé tard à écrire, & quand ils ont écrit, c'étoit sans méthode. Les loix se multiplioient à mesure que la république faisoit des conquêtes. Droits de propriété violés par les généraux. L'administration arbitraire de la justice augmentoit le désordre. Edit des préteurs. Abus qu'ils faisoient de leur autorité. Collection qui est l'objet de la jurisprudence. Nouvelle preuve que les Romains n'ont pas été véritablement libres.

CHAPITRE V.

Du goût des Romains pour la philosophie.

Pag. 64.

Chez les Romains, comme chez les Grecs, la philosophie ne s'établit qu'à mesure qu'on s'intéressa moins au gouvernement. Epoque où la philosophie & l'éloquence s'introduisent à Rome. Un décret du sénat chasse de Rome les philosophes & les rhéteurs. Trois philosophes envoyés à Rome par les Athéniens. Caton veut qu'on se hâte de les renvoyer. Il avoit raison. Goût des lettres grecques parmi les Romains. L'étude de la langue grecque fait négliger la langue latine. Les citoyens rigides deviennent sectateurs du portique. Les jurisconsultes préférent

---

LIVRE DOUZIEME.

CHAPITRE I.

Auguste.

roîtront juger qu'en vertu de l'autorité qui leur sera confiée par les empereurs. Pourquoi Auguste affectoit de ne point commander dans Rome. Il refuse la dictature qui lui est offerte. Il passe en Sicile. Il refuse le consulat. Troubles. Agrippa est envoyé pour les dissiper. Auguste le prend pour gendre. Il passe en Asie où il regle tout en souverain. Foiblesse du Roi des Parthes. Elle fit la grandeur d'Auguste. Anarchie entretenue dans Rome par la politique d'Auguste. A son retour à Rome, il obtient la puissance consulaire, le droit de faire des loix & la censure. Il réunissoit alors tous les pouvoirs de la souveraineté. Sa conduite circonspecte. La puissance avoit passé du peuple au Prince. Vérité qui sera bientôt oubliée. Agrippa associé à une partie de la puissance d'Auguste. Censure d'Auguste & d'Agrippa. Loix contre les célibataires. Loix sur les affrachissements. Il se démet de l'autorité pour la reprendre. Combien de fois il l'a reprise. Jeux séculaires. Guerres. Epoque où les généraux cessent d'adresser leurs lettres au sénat, & d'obtenir les honneurs du triomphe. Mort d'Agrippa. Tibere devient gendre d'Auguste. Mort de Drusus. Réglement odieux. Tibere obtient la puissance tribunicienne. Il se retire à Rodes. Il y vit dans la disgrace. Conditions de son retour. Auguste adopte Tibere & Agrippa Posthumus. Il deshérite celui-ci, & l'exile. Tibere commande les armées avec suc-

cès. Innovation qui hâtoit les progès du despotisme. Mort d'Auguste. Son testament. On lui consacre un temple & des prêtres.

CHAPITRE II.

Observations sur le gouvernement d'Auguste.

Pag. 114.

Pour juger des forces de l'empire, il faut connoître les changements survenus dans la discipline militaire. La légion avant Servius Tullius. La légion après que ce roi eut changé le gouvernement. D'où les cavaliers légionnaires étoient tirés. Changements que Marius fait à la légion. Les légions lorsque les droits de cité ont été accordés à tous les Italiens. Les légions pendant les guerres civiles. Discipline militaire dans les beaux temps de la république. Long-temps avant Auguste cette discipline ne subsistoit plus. Innovation qui acheve de la ruiner. Auguste fixe les légions dans les provinces. Effets de cet établissement. Maître des provinces, Auguste crée les cohortes prétoriennes qui l'assurent de l'Italie & de Rome. Les circonstances établissoient d'elles-mêmes le despotisme. Et la monarchie d'Auguste n'étoit qu'un despotisme déguisé. Pourquoi il ne songea point à mettre un frein à l'autorité. Son peu de courage a servi à son élévation.

CHAPITRE III.

Tibere.

Pag. 123.

Appréhensions des Romains lorsqu'ils prévoyent la fin d'Auguste. Précautions de Livie pour assurer l'empire à son fils. Meurtre d'Agrippa Posthumus. On se hâte de prêter serment à Tibere. Il se hâtoit lui-même de prendre possession de l'empire. Sa dissimulation dans cette conjoncture. L'empire devint perpétuel dans sa personne. Sa modestie affectée. Auguste avoit ôté au peuple la puissance législative : Tibere lui enleve le droit de nommer aux magistratures. Jalousie des ordres favorables au despotisme. Séditions appaisées en Pannonie & en Germanie. Tibere dissimule ses vices tant qu'il se croit mal affermi. Loi de majesté. Elle devient une source d'abus. La conduite équivoque de Tibere ouvre la porte aux délations. Sous lui la loi de majesté fit un crime des actions les plus indifférentes. Hispon délateur. Germanicus rappellé de Germanie est envoyé en Asie. Il meurt.

Pison accusé de l'avoir empoisonné. Désespoir du peuple. Pison se tue. Tibere prend Drusus son fils pour collegue dans le consulat & s'absente. On propose de défendre aux femmes de suivre leurs maris dans les gouvernement. Cette proposition est rejetée. Abus des asyles. Drusus les réprime en partie. Chevalier Romain condamné pour avoir cru prévoir la mort de Drusus. Conduite de Tibere en cette occasion. Reponse de Tibere sur la proposition qu'on lui fait de réprimer le luxe. Il ne faut qu'attendre pour voir tomber le luxe. Sans la loi de majesté, l'administration de Tibere eût été digne d'éloges à plusieurs égards. Il change de conduite. Séjan en est la principale cause. Empire de ce ministre sur l'esprit de Tibere. Puissance qu'il acquiert. Pour regner, il projette d'exterminer les Césars, & il empoisonne Drusus. Tibere paroît soutenir la mort de son fils avec fermeté, & fait douter de la sincérité de ses sentiments à l'égard des enfants d'Agrippine. Agrippine bannie avec son fils Néron, & son second fils enfermé. Contraste des événements dans les siécles qui ont précédé. Pourquoi Tibere se retire dans l'île de Caprée. Séjan en devient plus puissant. Il se rend suspect à Tibere, qui a besoin d'artifices pour le perdre. Séjan condamné & exécuté. Terentius accusé d'avoir été ami de Séjan. Lentulus accusé du même crime. Tibere méprisé des nations étrangeres. il néglige tous les soins de l'empi-

re. Ses cruautés lorsqu'il apprend que son fils a été empoisonné par Séjan. Sa mort.

CHAPITRE IV.

Caïus Caligula.

Pag. 149.

Caligula, lorsqu'il étoit à Caprée. Enthousiasme du peuple pour ce Prince. Tout à coup le despotisme se montre à découvert. Tyrannie de Caligula, sophiste dans la cruauté. Mot féroce de ce prince. Ses folies. Sa mort. Comment les plus grands interêts se reglent souvent par des abus.

CRAPITRE V.

Claude.

Pag. 154.

On se flattoit de rétablir le gouvernement républicain, lorsque Claude fut élu empereur par les soldats. Il est le premier qui ait acheté l'empire. Il étoit incapable de toute fonction publique. Sa disgrace & son ineptie. Il avoit l'esprit cultivé,

cultivé. Comment les noms d'Auguste & de César devinrent des titres de dignité. Il commence son regne par des actions populaires. Il se livre aux affranchis & à ses femmes. Il donne les jugements aux affranchis. Ap. Silanus victime de la stupidité de Claude. Autre victime, Valerius Asiaticus. Messaline femme de Claude, épouse Silius. Sa mort. Claude épouse Agrippine. Loi portée à cette occasion. Elle médite d'assurer l'empire à son fils Ses mesures à cet effet. Elle confie à Sénéque l'éducation de Néron. Néron prononce des discours qu'il n'a pas faits. Agrippine empoisonne Claude.

CHAPITRE VI.

Néron.

Pag. 164.

On a tort de louer les premieres années du regne de Néron. Ses amusements dans les temps même dont on fait l'éloge. Agrippine n'a pas toute la puissance dont elle s'étoit flattée. Sa conduite avec son fils, qu'elle veut gouverner. Disgrace de Pallas. Emportement d'Agrippine. Mort de Britannicus. Agrippine paroît vouloir former un parti. Prêt à l'immoler, Néron paroît se réconcilier avec elle. Néron devient amou-

---

LIVRE TREIZIEME.

CHAPITRE I.

Galba.

Galba aliene plusieurs soldats. Il ôte le commandement à Virginius. Il exerce le despotisme avec les soldats. Ministres qui le gouvernent. Sentiments divers à la mort de Néron. Quelques citoyens se faisoient illusion sur Galba. D'autres regrettoient Néron. Dispositions des gardes prétoriennes. Deux meurtres rendent Galba odieux. Les généraux de l'orient pouvoient aspirer à l'empire. L'Egypte devoit se declarer pour eux. Provinces qui ne faisoient point craindre de révolutions. Provinces qui en faisoient craindre. Généraux auxquels Galba les avoit confiées. Circonstances dans lesquelles les légions du haut Rhin se souleverent. Galba adopte Pison. Othon aspire à l'empire. Deux soldats le lui donnent. Le peuple & les grands dans cette conjoncture. Mort de Galba & de Pison.

CHAPITRE II.

Othon.

Pag. 187.

Le sénat & le peuple s'humilient devant Othon. Les soldats disposent de tout. Consternation des Romains qui se voyent menacés d'une guerre civile. Othon montre des vertus, qui ne rassurent pas. Vitellius n'en montre point.

Les Romains n'osent se déclarer ouvertement ni pour l'un ni pour l'autre. Sédition qui répand l'alarme dans Rome. Discours d'Othon aux séditieux. Cette sédition fait voir l'état où étoit la discipline militaire. Les provinces se déclarent pour Othon, ou pour Vitellius, suivant qu'elles craignent l'un ou l'autre. Modération d'Othon avant son départ de Rome. Il part à la tête de son armée de terre. Il n'y a point de subordination dans les troupes. Même licence dans l'armée de Vitellius. Etat de cette armée. Fautes d'Othon. Sa défaite. Ses soldats l'invitent à continuer la guerre. Réponse qu'il leur fait. Sa mort.

CHAPITRE III.

Vitellius.

Pag. 198.

Le sénat rend graces aux légions qui dévastent l'Italie. Intempérance & ferocité de Vitellius. Son arrivée à Rome. Ses troupes s'amollissent. Cécina, Valens & un affranchi partagent sa faveur. Vespasien proclamé en orient. Ses préparatifs. Antonius Primus, qui arme pour lui, marche en Italie. Etat de l'armée de Vitellius. Elle est défaite. Mort de Valens. Com-

bats à l'arrivée de Primus à Rome. Mort de Vitellius.

CHAPITRE IV.

Vespasien.

Pag. 203.

Licence des soldats sous Primus. Mucianus force Primus à se retirer. Soulevement des Bataves, des Germains & des Gaulois. Révolte des légions de Germanie contre leurs chefs. Les Druides prédisent l'empire aux Gaulois. Les légions Romaines prêtent serment aux Gaulois. Les Gaulois se divisent. Cérialis les soumet. Conduite de Domitien. Vespasien est le premier que la puissance souveraine ait changé en mieux. Sa générosité. Ses mœurs simples. Sa tolérance. Il réprime la licence des soldats. Il réforme le luxe. Il complete & purge l'ordre des sénateurs & celui des chevaliers. Il n'a pas tenu à lui que le sénat ne reprît son premier lustre. Son avarice. On ne la peut justifier. Usage qu'il faisoit de ses revenus. Il bâtit le temple de la Paix. Fonctions de Titus auprès de Vespasien. Pays réduits en provinces romaines. Conspirations. Mort de Vespasien.

CHAPITRE V.

Titus.

CHAPITRE VI.

Domitien.

LIVRE QUATORZIEME.

CHAPITRE I.

Nerva & Trajan.

Pag. 220.

On comprend difficilement que Rome puisse être long-temps bien gouvernée. Nerva est vertueux, mais trop foible. Il connoît le besoin qu'il a d'un appui, & il adopte Trajan. Sa mort. Trajan est digne du trône. Ce prince à la tête de ses troupes. Ses guerres contre les Daces. Ses conquêtes en orient. Sa passion pour les conquêtes est blâmable. Son attention à faire respecter les loix par son exemple. Ses soins pour le bonheur des peuples. Son économie & sa vigilance. Sa simplicité. Il ne se croyoit que le magistrat d'une république libre. Il connut l'amitié & la fit connoître. Sa mort.

CHAPITRE II.

Adrien.

Pag. 227.

Proclamation d'Adrien. Il abandonne les

conquêtes que Trajan avoit faites sur les Parthes. Pourquoi ? Sa libéralité. Il voyage dans toutes les provinces pour soulager les peuples & pour réprimer les abus. Comment il voyageoit. Peu jaloux de ses titres, il étoit populaire jusqu'à oublier son rang. Son amitié n'assuroit pas sa confiance. Quelquefois cruel avec les grands, il étoit toujours humain avec le peuple. Il paroissoit avoir étudié toutes les sciences. Il protégeoit les savants & les artistes, & il en étoit jaloux. Sa mort. Choix qu'il fait de ses successeurs. Il est triste qu'il ait eu des vices.

CHAPITTE III.

Antonin.

Pag. 234.

Temps peu féconds pour l'histoire. Le vertueux Antonin mit son bonheur à être aimé. Il n'avoit rien à lui. Avec quelle simplicité il jouissoit des avantages de son rang. Sa conduite avec les gouverneurs des provinces. Trait qui la caractérise. Il étoit respecté des nations étrangeres. Choix qu'il fait de Marc-Aurele. Sa mort. Le nom d'Antonin devient un titre Auguste.

CHAPITRE IV.

Marc - Aurele.

Pag. 238.

La famille de Marc-Aurele. Nom que lui donnent les historiens. La secte des stoïciens dominante sous les empereurs. Pourquoi Marc-Aurele adopte la morale de cette secte. On ne peut l'excuser d'avoir associé à l'empire L. Verus. Les ennemis arment contre l'empire. Plusieurs fléaux retiennent à Rome Marc-Aurele. Conduite de Verus en orient. Par son imprudence la peste ravage l'empire. Les nations Germaniques prennent les armes. Triste conjoncture, où cette guerre commence. Les deux Augustes marchent contre les peuples de Germanie. Mort de Verus. Les peuples de Germanie ne connoissoient d'autre droit que celui du plus fort. Marc-Aurele les force à la paix. Révolte de Cassius. Lettre de Marc-Aurele à Verus, à qui Cassius paroissoit suspect, & qui demandoit la mort de ce capitaine. Clémence de Marc-Aurele, lors de la Révolte de Cassius. Marc-Aurele en orient. Nouvelle guerre en Germanie. Marc-Aurele magistrat plutôt que souverain. Sa mort.

CHAPITRE V.

CHAPITRE VI.

La flatterie a fait un monstre de Commode. Faustine sa mere a contribué à le rendre vicieux. Fautes de Marc-Aurele au sujet de son fils. Commode achete la paix des barbares. Trafic qu'il fait des emplois. On conspire contre lui. Sa mort. Pertinax lui succéde. Sous le regne précédent les désordres s'étoient tout à coup reproduits. La sagesse de Pertinax souleve ses gardes, & il est égorgé. L'empire à l'enchere. Il est adjugé à Didius. Mécontentement du peuple. Trois Augustes proclamés par leurs troupes, Niger, Albinus, & Severe qui marche à Rome. Didius est abandonné & executé. Severe casse les prétoriens & crée une nouvelle garde. L'orient & l'occident arment contre Severe. Niger est vaincu & tué. Albinus est vaincu & se tue. Politique ruineuse de Severe. Plautien a toute sa confiance. Mort de ce ministre. Papinien préfet du prétoire. Mort de Severe. Caracalla égorge son frere Géta & fait mourir Papinien. Mort de ce monstre.

CHAPITRE VII.

Jusqu'à l'avénement de Valerien.

Pag. 268.

Objet qu'on se propose dans cette histoire jusqu'à Diocletien. Macrin successeur de Caracalla mécontente les troupes. Mœsa fait donner l'empire à son petit fils Heliogabale. Mort de Macrin. Mœsa opine dans le sénat. Sa puissance est mal affermie. Elle cherche un appui dans Alexien qu'elle fait adopter. Mort d'Heliogabale. Gouvernement de Severe Alexandre. Fin de l'empire des Parthes, & commencement du nouvel empire des Perses. Les Perses font la guerre aux Romains. On ne sait pas les événements de cette guerre. Severe Alexandre marche contre les Germains. Sa mort. Maximin empereur. Les deux Gordiens créés Augustes. Trois Augustes élus par le sénat. Mort de Maximin, de Maxime & de Balbin. Sort des empereurs pour s'être mis dans la dépendance des soldats. Regne de Gordien. Il est assassiné par Philippe qui lui succéde. Mort de Philippe & de deux autres Augustes. Mort de Decius, de Gallus & d'Emilien. Valerien proclamé empereur, s'associe son fils Gallien.

CHAPITRE VIII.

Jusqu'à l'avénement de Diocletien.

Pag. 277.

Valerien oppose ses généraux aux Barbares. Il marche contre les Perses & il est fait prisonnier. Etat déplorable de l'empire sous Gallien. Circonstances qui retardent la chûte de l'empire. Odonat Prince de Palmyre. Mort de Gallien. Claude lui succéde. Zenobie maitresse de l'orient. Deux Augustes, Tetricus & Auréolus. Mort d'Auréolus. Défaite des Goths. Mort de Claude. Aurelien qui lui succéde est le restaurateur de l'empire. Il triomphe des barbares. Zenobie. Aurelien arme contre elle. Ses succès. Zenobie faite prisonniere. Ruine de Palmyre. Aurelien maître de tout l'empire. Quoique toutes les provinces fussent réunies sous un seul chef, l'empire étoit foible par lui même. Mort d'Aurelien. Ordre qui survit à Au-

---

CHAPITRE IX.

Depuis l'avénement de Dioclétien jusqu'en 325, que Constantin seul maître de l'empire, donne la paix à l'église.

FIN de la Table.

INTRODUCTION
A L'ÉTUDE DE L'HISTOIRE.

LIVRE ONZIEME.

Il faut, Monseigneur, que l'étude de l'histoire vous accoutume à prévoir l'avenir, si vous voulez être capable de le prévoir, quand vous aurez un peuple à gouverner. C'est cette prévoyance qui fait les grands souverains. Celui qui ne prévoit rien, ne sauroit prévenir les abus; & lorsqu'il veut remédier à ceux qu'il n'a pas su prévoir, il court risque d'en faire naître de semblables ou de plus grands.

La prévoyance est nécessaire aux souverains.

C'est en observant les peuples dont on étudie l'histoire, qu'on apprend à saisir d'un coup d'œil l'enchaînement des causes & des effets, & qu'on voit dans les siecles antérieurs se préparer des révolutions pour le bonheur ou pour le malheur des siecles qui doivent suivre.

Comment elle s'acquiert.

Nous acquérons facilement cette prévoyance, lorsque nous considérons toutes les révolutions d'une nation qui n'est plus : car si nous savons observer comment toutes ces révolutions naissent les unes des autres, nous voyons dans un premier âge, comme dans un germe, tous les temps où elles se sont succédées.

Or, Monseigneur, de quelque maniere que les événements se varient, ils ne peuvent jamais avoir pour résultat que le bonheur ou le malheur des peuples ; & les causes, qui peuvent produire aujourd'hui ce bonheur ou ce malheur, sont les mêmes qui l'ont produit dans les siecles qui nous ont précédés, & elles seront encore les mêmes dans les siecles à venir.

Objet de ce livre.

C'est par les mœurs qu'un peuple est heureux ou malheureux. Tout ce qui a quelque influence sur les mœurs, mérite donc d'être observé. A cet égard il nous reste quelques observations à faire sur les Romains. Elles seront le sujet de ce livre.

CHAPITRE I.

De la passion des Romains pour les spectacles.

Les jeux qu'institua Romulus, en l'honneur de Consus, dieu des conseils, ont été nommés jeux du Cirque, d'après la forme de l'hippodrome que Tarquin l'Ancien fit construire pour en donner le spectacle.

Jeux du Cirque.

Il paroît que dans les commencements ces jeux se bornoient à des courses de chars & de chevaux. Nous avons vu que l'an de Rome 490 M. & D. Brutus donnerent pour la premiere fois des combats de gladiateurs. Les combats d'Athletes ne furent introduits dans ces jeux que long-temps après, en 5[illegible]; & vers le même temps, on fit combattre des hommes contre des ours, contre des lions, &c. Je ne veux considérer ces choses que par l'influence qu'elles ont sur les mœurs. C'est pourquoi je n'entrerai pas dans de grands détails.

Vers le milieu du sixieme siecle, on faisoit combattre trente couples de gladiateurs ou même davantage. Dans les commencements, le nombre en avoit été beaucoup moins grand : mais il s'étoit toujours accru, & il s'accrut encore. César en donna trois cents vingts couples pendant son édilité. Ce spectacle duroit quelquefois plusieurs jours.

On ne se borna pas non plus à faire combattre deux ou trois hommes contre deux ou trois bêtes féroces. Sylla donna, pendant sa préture, un combat de cent lions contre cent hommes. Avant lui on laissoit les chaînes à ces animaux, lorsqu'ils alloient combattre : aux jeux de Sylla, on les leur ôta pour la premiere fois. On augmentoit le danger, afin d'augmenter le plaisir des spectateurs.

Avec quelle férocité les Romains se portoient à ces jeux.

Féroces sous Romulus, les Romains n'ont jamais cessé de l'être. Plusieurs causes entretenoient leur férocité : les guerres qui se succédoient sans interruption, la pratique d'exterminer les peuples qui avoient le courage de leur résister, & les triomphes dont les principaux ornements étoient les dépouilles des nations vaincues, les captifs qui avoient échappé au fer des soldats, & les simulacres des villes qu'on avoit prises, saccagées & ruinées.

La férocité des Romains croissoit encore avec les progrès de la république : car un peuple conquérant ne peut être qu'un despote inhumain. Si le luxe adoucit ses mœurs à quelques égards, il acheve d'étouffer en lui tout sentiment d'humanité.

Avec ce caractère, les Romains devoient s'abreuver du sang qui couloit sur l'arene. Il n'y avoit point de spectacle qui leur fût plus agréable, & où il y eût un plus grand concours de citoyens de toute condition. Cette fureur alloit au point, qu'au milieu des repas, on se donnoit souvent le plaisir barbare de faire combattre des gladiateurs. Dès que c'étoient-là les jeux des Romains, il ne faut plus s'étonner des horreurs qu'ils commettent pendant les guerres civiles.

Premiere poësie des Romains.

Les Romains ont eu de bonne heure une sorte de poësie. C'étoit une prose cadencée qu'ils chantoient en dansant, lorsqu'ils offroient des sacrifices. Il paroît qu'ils durent aux Étrusques tout ce que l'art put ajouter à cette poësie : car leurs vers se nommoient *Fescennins* de Fescennia, ville d'Étrurie.

Comme ces danses & ces chants devinrent un objet d'émulation, ceux qui n'y réussissoient pas, furent exposés aux railleries de ceux qui s'y distinguoient ; & les Romains employerent à se donner mutuellement des ridicules, le même langage qu'ils avoient d'abord consacré à chanter les dieux. Insensiblement ils parlerent de tout en poësie, & avec d'autant plus de facilité, qu'il falloit peu de talent pour faire des vers fescennins.

Il étoient dans l'usage d'offrir tous les ans à Cérès & à Bacchus les prémices de leur récolte ; & ils les présentoient dans un bassin qu'ils nommoient *satura* ou *satyra* de *satur* plein, parce qu'ils y accumuloient des fruits de toute espece. Ce mot fut ensuite employé pour exprimer toute sorte de mélanges. On le donna, non-seulement, aux mets composés de plusieurs choses, mais encore aux loix qui renfermoient des réglements sur plusieurs chefs ; & par une semblable analogie, on le transporta aux pieces de vers, où l'on ramassoit tout ce qu'une imagination grossiere pouvoit produire. Telle a été la satyre dans son origine.

La raillerie avoit été l'accessoire de ce poëme: elle en devint le principal, & elle dégénéra en invectives & en calomnies. Une loi des douze tables, qui condamnoit à mort ceux qui auroient composé des vers contre la réputation d'un citoyen, fait voir jusqu'où cet abus avoit été porté vers la fin du troisieme siecle.

Commencement des jeux Scéniques.

Nous avons vu que l'an de Rome 391, les Romains, dans l'espérance d'appaiser la colere des dieux & de faire cesser la peste, firent venir d'Étrurie des histrions, dont tout le talent étoit de danser au son de la flûte. C'est à cette époque qu'on a fait commencer parmi eux les jeux Scéniques. Du mélange de la poësie des Romains avec les danses des Etrusques, naquirent des pieces de théâtre, auxquelles on conserva le nom de satyres. C'étoient des farces informes & grossieres où les acteurs agissoient & parloient sans avoir de plan arrêté.

Andronicus donne le premier aux Romains l'idée d'un drame régulier.

Tels furent à Rome les jeux scéniques jusqu'en 514, que Livius Andronicus, affranchi de M. Livius Salinator, leur fit prendre une forme toute nouvelle. Cependant il n'inventa rien. Grec de naissance, il ne fit que transporter à Rome un genre de drame que la Grece avoit créé & perfectionné. Il fut, sans doute, fort au dessous de ses modeles: il est même vraisemblable qu'une imitation plus parfaite auroit eu peu de succès chez un peuple encore grossier. Quoi qu'il en soit, ce fut alors que le théâtre donna pour la premiere fois aux Romains l'idée d'une action suivie & soutenue, ce qui leur fit abandonner leurs satyres pour un temps.

A Rome comme en Grece, c'est dans des temps de guerre que les arts ont fleuri

C'est, sur-tout, dans le cours de deux guerres, celle contre les Perses & celle du Péloponese, que la Grece a produit de grands écrivains & de grands artistes en tout genre: & dans le siecle suivant, le goût des arts & des sciences sembla croître avec les troubles.

Il en a été de même à Rome. La premiere guerre punique venoit d'être terminée, lorsqu'Andronicus parut, & la poësie continua de faire des progrès jusqu'à Jules César: époque où tous les arts concouroient à l'embellissement de la capitale, où florissoit le plus grand des orateurs, où la philosophie se répandoit & où tous les genres de littérature étoient cultivés. Aussi la poësie fit rapidement de nouveaux progrès. Les deux plus grands poëtes, Horace & Virgile, se formoient sur la fin des dernieres guerres civiles.

Térence a été l'époque du goût parmi les Romains.

Térence, qui vivoit du temps du second Africain & de Lélius, a été l'époque du goût parmi les Romains. Il donna le modele, d'après lequel le goût se perfectionna dans tous les genres, & il ne restoit plus de progrès a faire à cet égard, lorsqu'après la bataille d'Actium, Octavius devint le maître de l'empire. C'est la flatterie qui a attribué à ce monarque les progrès de tout ce qui se perfectionnoit sans lui. Je conviens que la protection des princes peut multiplier les écrivains: mais l'estime publique fait seule les bons.

Depuis Térence, la comédie ne fit plus de progrès. Il ne paroît pas que la tragédie se soit jamais élevée au dessus du médiocre: mais tous les autres genres de poësie atteignirent à la perfection.

Combien chez les Grecs les circonstances étoient favorables aux progrès de la poësie dramatique.

Lorsque Thespis, Eschile, Sophocle & Euripide créerent la tragédie, il y avoit plus de quatre cents ans qu'Homere avoit perfectionné la poësie épique. Dans cet intervalle, on écrivit en vers sur toute sorte de matieres, & il se forma d'excellents poëtes, sur-tout, dans le genre lyrique.

Les poëmes étoient récités dans les places & dans les jeux publics par les poëtes ou par les rapsodes. Le peuple, qui accouroit à ces lectures, approuvoit ou blâmoit suivant qu'il étoit affecté. Il comparoit les ouvrages qu'il avoit entendus avec ceux qu'il entendoit; & en rapprochant les uns des autres, il apprenoit à juger du beau & à l'apprécier.

Voilà les spectateurs que les poëtes tragiques de la Grece avoient pour juges. C'étoient des hommes dont le goût exercé recherchoit dans les tragédies la netteté, la précision, l'élégance & la régularité, qu'ils s'étoient fait une habitude de sentir dans les autres genres de poësie.

Les poëtes, qui ont donné les premieres comédies, sont postérieurs à Thespis d'environ cent ans. Ils vivoient dans le siecle de Périclès c'est-à-dire, dans le siecle des grands architectes, des grands sculpteurs & des grands peintres, comme des grands poëtes. C'étoit le temps où le goût, qui s'exerçoit à la fois dans tous les genres, achevoit de se perfectionner. On conçoit donc que la comédie devoit se perfectionner elle-même.

Combien elles leur étoient contraires chez les Romains.

Autant les circonstances étoient favorables aux progrès de la poësie dramatique chez les Grecs, autant elles leur étoient contraires chez les Romains. Lorsque les jeux Scéniques commencerent à Rome, le peuple n'avoit encore rien vu qui pût lui donner l'idée d'un poëme régulier & bien écrit. Aussi goûta-t-il peu les comédies de Térence. Son insensibilité alloit au point, qu'au milieu des plus belles scenes, il demandoit un ours, des athletes ou des gladiateurs. Il falloit à ce peuple des spectacles de sang.

Les Romains étoient donc dépourvus de goût, & leur passion pour les jeux du Cirque sembloit leur ôter jusqu'au pouvoir d'en acquérir. Voilà pourquoi la poësie dramatique a fait peu de progrès parmi eux. Dans ce genre, leurs suffrages pouvoient plutôt égarer les poëtes que les conduire à la perfection. Les poëtes supérieurs, tels qu'Horace & Virgile, se sont bornés à écrire pour des lecteurs dont le goût s'étoit formé par l'étude des poëtes grecs; & c'est en quelque sorte en Grece, plutôt qu'à Rome, que la poësie latine devoit se perfectionner.

Progrès de la déclamation. Pantomimes.

Ce qui attiroit les Romains au théâtre, c'étoit moins l'excellence des drames que la maniere dont on les déclamoit. Comme la déclamation étoit la premiere & la principale partie de l'art oratoire, elle étoit aussi la premiere & la principale partie de l'art dramatique. Aussi les jeux Scéniques ont-ils fait à cet égard des progrès que nous avons de la peine à comprendre.

Tout étoit noté dans la déclamation des anciens & les syllabes & les gestes; de sorte que l'acteur étoit assujetti à une mesure, comme aujourd'hui le musicien & le danseur.

Ce mouvement mesuré donna lieu de partager la déclamation entre deux acteurs, dont l'un récitoit, & l'autre faisoit les gestes. Livius Andronicus, qui jouoit dans une de ses tragédies, s'étant enroué à répéter plusieurs fois des morceaux que le peuple avoit goûtés, fit trouver bon qu'un esclave récitât les vers, tandis qu'il faisoit lui-même les gestes. Il mit d'autant plus de vivacité dans son action, que ses forces n'étoient point partagées; & son jeu ayant été applaudi, cet usage prévalut dans les monologues.

Depuis ce partage, l'art des gestes faisant tous les jours de nouveaux progrès, devint sous Auguste un langage qui n'eut plus besoin de celui des sons articulés. Les pantomimes jouoient des pieces entieres, sans prononcer un seul mot.

L'art des pantomimes charma les Romains dès sa naissance, & la passion du peuple fut extrême pour ces comédiens, qu'il préféroit à tous les autres. Il me semble que cette passion devoit nuire aux progrès de la poësie dramatique.

Dépenses ruineuses, où engageoit la passion du peuple pour les jeux.

On a remarqué que la représentation de trois pieces de Sophocle a plus coûté aux Athéniens que la guerre du Péloponese. Rome, plus riche, faisoit encore de plus grandes dépenses en spectacles, & le peuple se passionnoit pour les jeux, parce qu'il en admiroit la magnificence.

Des spectacles qui auroient moins coûté, lui auroient moins plu.

Il y avoit des jeux qui se donnoient réguliérement toutes les années & dont les édiles faisoient les frais. Il y en avoit d'autres qui se donnoient extraordinairement. On les nommoit votifs, parce qu'on les célébroit en conséquence des vœux qui avoient été faits pour assurer le succès d'une entreprise, ou pour appaiser les dieux dans des temps de calamité. La république faisoit les frais de ceux-ci, parce que c'étoit en son nom qu'on les avoit voués; & comme le sénat en régloit la dépense, elle étoit modérée.

Dans les jeux, au contraire, que donnoient les édiles, la dépense n'avoit point de bornes; & il seroit difficile de se faire une idée des sommes, que plusieurs prodiguoient à cette occasion dans le dernier siecle de la république.

Les édiles ornoient d'étoffes précieuses, de statues, de tableaux, toutes les rues & toutes les places par où devoit passer une procession solemnelle, qui précédoit toujours la célébration des jeux: procession où les pontifes, les prêtres, les augures, tous ceux qui avoient quelque emploi dans les temples, marchoient en habit de cérémonie, & où l'on portoit en pompe les images & les statues des dieux.

Les édiles donnoient ensuite les jeux, c'est-à-dire, des courses, des combats, & des représentations dramatiques. C'est alors qu'ils étaloient à l'envi la plus grande magnificence dans les chars, dans les chevaux, dans les prix destinés aux vainqueurs ; dans le nombre des athletes, des gladiateurs, des lions, des ours, des tigres, des pantheres, des éléphants & de toute sorte d'animaux rares ; dans les récompenses qu'ils donnoient aux acteurs, aux poëtes, aux musiciens ; enfin dans la construction des théâtres.

Ils bâtissoient quelquefois des théâtres qui contenoient jusqu'à quatre-vingt mille spectateurs : ils les bâtissoient pour quelques jours avec la même solidité, que s'ils avoient dû subsister ; & ils les décoroient de tout ce que l'architecture, la sculpture & la peinture pouvoient fournir de plus rare & de plus riche.

Ce n'étoient pas seulement les édiles qui donnoient de pareils jeux. Il étoit libre aux préteurs & aux consuls d'en donner, & souvent de simples particuliers recherchoient par cette voie la faveur du peuple. Il n'y avoit pas de plus sûr moyen de parvenir aux magistratures. Un homme riche, qui, pour éviter les dépenses des jeux, auroit voulu se dispenser de passer par l'édilité, se seroit exposé à un refus, lorsqu'il auroit brigué la préture ou le consulat.

La passion des Romains pour les jeux a été, sur la fin de la république, une des principales causes des désordres ; pour amuser un peuple stupide & désœuvré, les citoyens les plus riches se ruinoient ; & ils ruinoient encore les provinces, qu'ils mettoient à contribution.

Les richesses ont nécessairement des bornes : cette passion des Romains n'en avoit pas. Les empereurs ne seront donc pas assez riches pour la satisfaire, & on prévoit qu'ils ruineront l'empire. Bien d'autres causes contribueront encore à le ruiner.

CHAPITRE II.

Du goût des Romains pour les arts & pour les sciences.

En Sicile, pendant la premiere guerre punique, les Romains commencerent à prendre quelque connoissance des beaux-arts. Voilà vraisemblablement pourquoi Livius Andronicus hasarda sur le théâtre des poëmes plus réguliers que ceux qu'on avoit joués avant lui.

Époque où les beaux-arts se sont introduits à Rome.

Mais ce fut proprement après la prise de Syracuse que les beaux-arts se montrerent à Rome pour la premiere fois. Marcellus orna de vases, de statues, de tableaux, les temples de l'Honneur & de la Vertu, & plusieurs autres lieux publics.

Trois ans après, l'an de Rome 545, Fabius Maximus, qui se rendit maître de Tarente, n'emporta qu'une statue colossale d'Hercules qu'il fit placer dans le Capitole. A cela près il laissa aux Tarentins tous les ouvrages de sculpture & de peinture, dont leur ville étoit décorée. Il crut dangereux de montrer aux Romains les arts qui avoient amolli les Grecs. Autant les historiens ont applaudi à sa conduite, autant ils ont blâmé Marcellus.

Polybe, Tite-Live, Plutarque & Caton le Censeur auroient voulu qu'on n'eût offert que des trophées d'armes aux yeux d'un peuple guerrier & conquérant. Il auroit donc fallu que les Romains n'eussent jamais vaincu que des peuples pauvres comme eux. Ceux qui blâmoient Marcellus, auroient dû s'appercevoir que la précaution de Fabius étoit tout-à-fait inutile. Ce sont les Romains qui avoient tort d'être conquerants. S'il vouloient conserver leurs anciennes mœurs, ils devoient cesser de l'être, depuis qu'ils ne pouvoient plus conquérir que des nations opulentes.

En effet, les conquêtes devoient amener les richesses; &, par une suite nécessaire, les richesses devoient amener les arts. Aussi à peine les Grecs furent subjugués, que Rome s'embellit de statues, de tableaux, & devint le rendez-vous des plus fameux artistes de la Grece & de l'Asie.

Avidité avec laquelle les Romains ravissent les ouvrages des grands artistes.

De tout ce que Marcellus transporta de Syracuse, il ne réserva rien pour lui. Mais dans la suite, on cessa de consacrer à l'ornement des temples les ouvrages de sculpture & de peinture, qui avoient décoré les villes grecques; comme on cessa de porter au trésor public l'or & l'argent des peuples vaincus. Ces choses avoient une valeur quelconque: c'en étoit assez. Elles exciterent l'avidité, avant de former le goût,

goût, & les maisons des citoyens puissants en furent ornées avec profusion.

Les généraux employoient toutes sortes de moyens pour enlever ce qu'il y avoit de rare dans leurs provinces. Quelques-uns achetoient à vil prix: d'autres ravissoient. Les plus modérés en apparence empruntoient pour ne pas rendre. Ils pilloient les maisons des particuliers: ils pilloient les temples mêmes; & après avoir exercé ce brigandage dans leurs gouvernements, ils l'exercerent encore dans Rome. Sur la fin de la république, on ne voyoit plus, dans les temples de l'Honneur & de la Vertu, les statues & les tableaux que Marcellus y avoit déposés.

Pourquoi les Romains ont eu moins de goût que les Grecs.

Lorsque Mummius, après s'être rendu maître de Corinthe, chargea des entrepreneurs de transporter à Rome plusieurs statues & plusieurs tableaux des meilleurs artistes; il les menaça, s'il arrivoit quelque dommage à ces chef-d'œuvres, de les obliger d'en fournir d'autres à leurs frais & dépens. Telle étoit l'ignorance grossiere de ce consul. Alors cependant il y avoit plus de soixante ans que Syracuse avoit été prise; & la passion avec laquelle on recherchoit les ouvrages des grands peintres & des grands sculpteurs, paroîtroit prouver que le goût des arts s'étoit déja répandu. Comment donc un consul pouvoit-il être ignorant au point de ne pas savoir, au moins par oui-dire, qu'il y a de la différence entre un tableau & un tableau ?

Je conjecture que les Romains avoient d'autant plus de peine à se former le goût, qu'il leur étoit plus facile de ramasser tout ce que les arts avoient produit de plus précieux. En général les, gens riches faisoient des collections, parce qu'ils étoient riches. Incapables de juger du prix des choses rares qu'ils possédoient, souvent ils ne savoient pas les avoir. Une preuve qu'ils avoient plus d'avidité que de goût, c'est que Rome, où le luxe attiroit les plus grands artistes, n'en a pas produit un seul, qui ait eu quelque célébrité.

Le goût est un jugement rapide, auquel toutes les facultés de l'esprit conspirent, & qui embrassant dans ses comparaisons une multitude d'idées, demande une ame exercée sur chacune, & accoutumée à les saisir toutes ensemble. Pour acquérir du goût, il faut donc beaucoup voir, beaucoup comparer : il faut que tous les arts & toutes les sciences se prêtent mutuellement des secours. C'est un avantage qu'ont eu les Grecs. Leurs premiers écrivains ont été tout-à-la fois poëtes, historiens, philosophes & orateurs. Sans doute, ils ont d'abord été bien médiocres : mais ils réunissoient tous les genres, ils les cultivoient tous à la fois ; & par cette raison, ils devoient les perfectionner tous également. En effet, ils les ont perfectionnés.

Lorsque les arts ont commencé à se montrer

aux Romains, il n'y avoit proprement parmi eux ni poëtes, ni historiens, ni philosophes, j'ajouterois même ni orateurs; car l'éloquence étoit encore bien grossiere. A leurs yeux qui n'avoient pas appris à voir, on montroit tout-à-coup une multitude de chefs-d'œuvre: étoient-ils capables d'en juger?

C'est par degrés que les arts se perfectionnent: le goût se forme également par degrés. Or, les Romains n'ont eu les arts, que parce qu'ils les avoient conquis, & lorsqu'ils les ont conquis, on les avoit portés à la derniere perfection. Les Grecs avoient employé plusieurs siecles à les créer.

Ce n'est pas pour un peuple le siecle du goût, que celui où, encore grossier, il emprunte tout-à-coup d'une nation éclairée les arts & les sciences. Alors il apprend moins les choses, que les jugements que les autres en ont portés. Il étudie sans méthode, il accumule sans choix, & il lui est tous les jours plus difficile de s'instruire. Un peuple ne commence donc à penser, que lorsqu'il tente de faire des découvertes par lui-même, & le besoin d'inventer peut seul lui donner des talents. Voilà le cas où ont été les Grecs. Comme ils ne pouvoient presque rien apprendre des étrangers, ils ont été, en quelque sorte, forcés d'avoir du génie, & ils ont inventé.

Il n'a pas été possible aux Romains de prendre le même essor. Puisque les arts étoient créés, ils ne pouvoient que les recueillir; & ils les enleverent, comme autrefois ils avoient enlevé des gerbes. N'ayant donc rien inventé, ils ne perfectionnerent rien; parce que l'esprit qui perfectionne dans un temps, est le même qui eût inventé dans un autre. Je conjecture qu'ils ont eu plus de magnificence que de goût, plus de recherche que de discernement; & que, juges médiocres des arts, ils ne les ont estimés, que comme des choses de luxe.

En effet, ils regardoient au dessous d'eux de s'en occuper eux-mêmes, & ils bornoient toute leur gloire à commander à ceux qui les cultivoient. Certainement ce préjugé n'étoit pas favorable au goût: mais il leur étoit cher; & c'est d'après ce préjugé même, que Virgile loue les Romains. Vous vous souvenez, Monseigneur, de ces beaux vers *Excudent alii spirantia, &c.*

Les Romains qui ont eu du goût, se sont formés d'après les Grecs.

Quoique le gouvernement de la république romaine fût propre à former des orateurs, ce fut par les leçons des Grecs que Cicéron se forma lui-même; & il surpassa bientôt Hortensius, qui étoit alors le plus éloquent des Romains. Il étudia la langue des Grecs, leurs poëtes, leur histoire, leurs philosophes, leurs arts, leurs sciences. Il essaya même de faire des vers. S'il n'eût étudié que l'éloquence, il eût été moins éloquent: car il faut connoître bien des genres, pour reussir dans un seul. C'est ainsi que tous les hommes de goût & de talent que

Rome a produits, se sont formés d'après les Grecs.

Dès que les Romains s'occupoient des arts par luxe plutôt que par goût, on conçoit que les sciences devoient avoir peu d'attrait pour eux. Aussi n'ont-ils eu ni géometre, ni astronome, ni physicien. Varron, le seul savant que la république ait produit, s'est borné à des recherches d'érudition. Cicéron, qui étoit son contemporain, en fait grand cas. En effet, Varron étoit un phénomene pour son siecle.

Les Grecs avoient peu de critique : les Romains n'en ont pas eu davantage, & ils avoient peu de disposition pour les sciences.

Quoique les Grecs aient méprisé toutes les nations, ils ne les ont jamais regardées avec indifférence. Comme ils se souvenoient des secours qu'ils avoient tirés de quelques-unes, ils ont toujours paru curieux de les connoître. Mais parce qu'ils aimoient le merveilleux, & qu'ils étoient d'une grande crédulité, ils ramassoient les traditions avec peu de discernement. Ils sembloient n'interroger les peuples que pour apprendre des opinions : ils cherchoient dans la lecture des historiens, le style plutôt que la vérité, & c'étoit assez pour eux que l'histoire fût bien écrite. Voilà pourquoi ils ne nous donnent que des connoissances très imparfaites & très confuses des révolutions arrivées en Asie avant les conquêtes de Cyrus.

Ce n'est, que sous les successeurs d'Alexandre que les Grecs ont paru s'appliquer sérieusement à l'étude de l'antiquité ; & ils se hâterent de penser qu'il leur étoit possible de débrouiller l'histoire des siecles les plus reculés. Nous ne nous flattons jamais plus de réussir dans une science, que lorsque nous commençons à nous en occuper ; & pour nous convaincre de notre impuissance, il faut que des tentatives inutiles se répétent pendant des siecles. Nous avons vu avec quelle obstination les anciens philosophes ont entrepris les uns après les autres d'expliquer la formation de l'univers : hasarderons-nous beaucoup, si nous jugeons que les historiens, qui vivoient dans les mêmes temps, se sont conduits avec le même esprit, & qu'ils ont eu la même confiance avec aussi peu de fondement ? Il n'y a pas long-temps que les hypotheses regnoient dans l'histoire, parce qu'elles regnoient encore dans la philosophie. On vouloit tout deviner, les événements & la nature. Cela prouve que lorsque les philosophes sont mauvais, les critiques le sont également. J'ajouterai même, & notre expérience le prouve, que les bons critiques ne viennent que long-temps après les bons philosophes : les érudits sont les derniers à savoir douter.

Les Romains, aussi mauvais critiques, & beaucoup moins curieux, étoient peu propres à faire des recherches, & ils ne s'y portoient pas. Ils nous parlent de leurs guerres, de leurs victoires, de leurs triomphes. On diroit qu'ils n'ont connu les peuples, que pour les subjuguer ou pour les exterminer; & ils semblent avoir voulu effacer tous les monuments, qui en pouvoient transmettre l'histoire. En un mot, avec aussi peu de dispositions pour les sciences que pour les arts, ils ne les ont connus que parce qu'ils ont conquis la Grece; & ils n'ont guere su que ce qu'ils ont appris des Grecs, qui ont été leurs maîtres, & qui devoient être les nôtres.

CHAPITRE III.

De quelques usages des Romains.

Il n'est pas possible de se faire une idée exacte des usages.

LES relations sont peu propres à faire connoître les usages : les plus détaillées n'en donnent que des notions imparfaites. Si elles montrent le fond des choses, elles ne représentent que confusément la maniere dont elles se font. C'est néanmoins dans la maniere que consiste le prix réel ou imaginaire, que chaque peuple attache à ses usages.

Presque tout est arbitraire en ce genre, & cependant chaque peuple croit ses usages fondés en raison. Ce préjugé est cause que les nations ont, à cet égard, bien de la peine à se juger. Soit qu'elles s'approuvent, soit qu'elles se condamnent, elles font les unes des autres des tableaux peu ressemblants.

D'ailleurs les usages ne sont pas constants. Ils se conservent à peu-près les mêmes, tant qu'un peuple a peu de besoins. Mais aussitôt que le luxe commence, il amene des changements dans les usages ; & les révolutions qu'il produit, ſont d'autant plus grandes, qu'il fait lui-même de plus grands progrès. Les uſages qui méritent plus particuliérement d'être obſervés, ſont ceux qui ſe ſont introduits dans le dernier ſiecle de la république (*).

DE L'HABILLEMENT.

La tunique.

LA tunique étoit le vêtement que les Romains portoient immédiatement ſur la peau : elle étoit dans l'origine fort groſſiérement faite, & on peut ſe la repréſenter comme un ſac, ouvert pour laiſſer paſſer la tête & les bras. Celles des femmes avoient ſeules des manches, & c'eût été une marque de molleſſe dans les hommes d'avoir les bras couverts.

La ceinture.

Une ceinture, aſſujettiſſoit la tunique, & ſervoit à la relever, lorſqu'on avoit quelque choſe à faire. C'eſt pourquoi *ſe accingere* ſignifioit ſe préparer à une choſe.

En conſéquence on paroiſſoit plus ou moins

(*) Je tire des Mémoires de l'Académie des Inſcriptions & Belles-Lettres le peu que je dis à ce ſujet.

capable d'agir, suivant la maniere dont on portoit sa ceinture : ce qui fut cause qu'on jugea des dispositions de l'ame sur cet indice, & qu'on nomma *alte cincti* les hommes d'un caractère sévere & courageux, & *discincti* ceux qui se livroient à la débauche ou à la mollesse.

La toge.

Les Grecs ne portoient sur la tunique qu'un simple manteau : les Romains portoient une robe qu'ils nommoient *toge*. Elle étoit différente suivant les conditions & suivant les circonstances, & il y avoit toujours dans l'habillement quelques marques propres à faire distinguer les dignités civiles ou militaires. Les tribuns du peuple paroissent avoir été les seuls magistrats qui n'avoient point de ces marques distinctives.

Changements que le luxe amene dans l'habillement.

Le luxe tendoit à tout confondre. On prodigua l'or, les pierreries & la pourpre. On multiplia les tuniques. On leur fit prendre différentes formes, & ce fut un art d'en disposer les plis avec grace. Les femmes échancrerent les leurs, de maniere qu'elles montrerent la gorge, les épaules & une partie du bras droit. La toge leur parut aussi trop simple : elles en augmenterent insensiblement le volume, & elles y ajouterent une longue queue, chargée d'ornements. C'est ce qu'on nomma *stole*. Cet habit leur devint particulier. Mais parce que les raffinements que la corruption produit, tendent tour-à-tour à distinguer & à confondre les sexes, quelquefois les stoles se raccourcirent, & les toges s'allongerent; de sorte que les femmes paroissoient effrontées, & les hommes efféminés.

Les Romains n'ont connu que tard l'usage des tuniques de lin.

Ce n'est que sous les empereurs que les Romains ont eu des tuniques de lin En Egypte cependant l'usage de ces tuniques remontoit à la plus haute antiquité; & il y avoit plusieurs siecles qu'elles étoient connues des Grecs, lorsque les Romains n'employoient encore le lin que dans les voiles de leurs vaisseaux. Dans la suite, ils s'en servirent avec plus de luxe que de goût. Voulant de l'or & de la pourpre partout, ils en mêlerent dans le tissu des tuniques, & ils semblerent craindre qu'elles ne fussent pas assez rudes à la peau.

Leurs chaussures.

Il y a eu bien des sortes de chaussures chez les Romains: il a même été un temps où elles varioient comme les conditions. En général, on en distinguoit de deux especes. L'une étoit une semelle qui laissoit le pied à découvert, & qui s'attachoit avec des courroies. L'autre couvroit tout le pied, montoit jusqu'à mi-jambe, & s'arrêtoit avec une espece de ruban, auquel on faisoit faire plusieurs tours.

Quoique les souliers fussent ordinairement de cuirs apprêtés, on en fit aussi de toutes les matieres propres à les rendre plus légers & plus souples. Mais parce qu'un goût dépravé portoit autant à la magnificence qu'à la molleſſe, on ne se contenta pas de les surcharger de pierreries; quelquefois on voulut encore que la semelle en fût d'or massif. Cette chaussure ne devoit pas être commode.

Le noir pour les souliers des hommes & le blanc pour ceux des femmes étoient d'abord les seules couleurs décentes. Les courtisannes changerent insensiblement cet usage, & firent donner la préférence aux souliers rouges qu'elles affectoient de porter. Dans la suite, les empereurs furent si jaloux de cette couleur, que l'ayant réservée pour eux, ils la défendirent aux hommes, & ne la permirent qu'aux femmes,

La coëffure.

Quant à la coëffure, elle a été sujette à tous les caprices de la mode. Rien n'a plus varié, & les Romains ne paroissent s'être accordés que sur l'estime qu'ils faisoient du blond le plus ardent.

DES REPAS.

Le souper, principal repas des Romains.

LE souper étoit proprement le seul repas des Romains : le matin, sur le midi, ils ne mangeoient qu'un morceau.

Après avoir distribué des coupes aux convives, & fait des libations, on apportoit le premier service, qui commençoit ordinairement par des œufs frais, & on finissoit le second par des fruits : d'où est venue l'expression *ab ovo usque ad mala*, pour dire du commencement à la fin.

Ces deux services se divisoient en plusieurs autres. Mais en quelque nombre qu'ils fussent, on ne les distingua jamais que par les noms de *primæ & secundæ mensæ*.

Luxe de la table.

Les tables, servies pendant plusieurs siecles avec simplicité, furent couvertes avec profusion sur la fin de la république. On compta quelquefois jusqu'à quinze ou vingt services. Je ne répondrois pas du goût des Romains à cet égard. Il me semble que la bonne chere s'allie difficilement avec le grand luxe : aussi les gens riches estimoient-ils les mets par la rareté & par le prix, plutôt que par la saveur.

Usages qui se pratiquoient.

L'usage de manger couché ne commença que vers la fin du sixieme siecle. Ce furent les hommes qui l'établirent. Les femmes s'y refuserent, tant que la république subsista ; & on ne le permit que fort tard aux jeunes gens, qui n'avoient pas encore pris la robe virile. Ils étoient assis sur le bord du lit de leur plus proche parent.

La table étoit quarrée, sans nappe, d'un bois précieux, & incrustée de cuivre, d'argent, d'or, ou même de pierreries. Un des côtés restoit libre pour le service, & le long des trois autres on rangeoit trois lits: ce qui fit nommer *triclinium* & la table & la salle à manger.

Chaque lit pouvoit contenir trois ou quatre personnes, rarement davantage. Avant de s'y coucher, on quittoit ses souliers, ou même on se lavoit les pieds, afin de ne pas salir les étoffes précieuses dont ils étoient couverts.

On se rendoit au *triclinium* avec une robe particuliere, qui ne servoit que pour les repas. Il n'eût pas été décent de s'y montrer avec tout autre habit. Ce qui paroît singulier, c'est que long-temps encore après Auguste, on n'étoit pas dans l'usage des fournir des serviettes aux convives: chacun apportoit la sienne.

La place la plus distinguée étoit la premiere du lit-milieu. Le lit à la gauche de celui-là étoit pour les personnes, auxquelles on devoit le moins d'égard. Tels étoient ceux qu'on nommoit *ombres*, parce qu'ils venoient sous les auspices des conviés qui les présentoient.

Un grand nombre d'esclaves étoit employé au service. Des joueurs de flûte & de hautbois accompagnoient les poissons & les oiseaux rares qu'on apportoit. Les acclamations des convives se mêloient aux sons des instruments; & un écuyer tranchant coupoit les viandes en cadence.

Pendant le repas on faisoit paroître quelquefois des bouffons des farceurs, des danseurs, des musiciens, des pantomimes, ou même des gladiateurs. On donnoit, en un mot, des spectacles de toute espece, & on prodiguoit encore les parfums, comme pour flatter tous les sens à la fois.

Quand on a besoin de tant de choses, on ne s'amuse d'aucune; & tout cet appareil ne valoit pas un repas simple, que la gaité assaisonne. Forcés à revenir à des amusements moins chers, souvent les grands, au milieu du repas, jouoient à pair ou non, aux dez, à tout autre jeu: ils buvoient à la santé les uns des autres: ils se portoient celle de leurs amis: ils créoient un roi qui imposoit des loix aux convives: en un mot, ils cherchoient à se tirer de l'assoupissement, où le luxe de la table les plongeoit.

Avant de se séparer, on faisoit des libations pour la prospérité de l'hôte. Celui-ci offroit ensuite des présents à ses convives: il distribuoit une partie des restes aux esclaves, réservoit l'autre, & brûloit les choses qui ne méritoient ni d'être données ni d'être gardées. Cette derniere cérémonie étoit une espece de sacrifice, qu'on nommoit *protervia*. Caton d'Utique fit allusion à cet usage, lorsqu'il dit d'un homme qui, après avoir mangé tout son bien, mit le feu à sa maison : *il n'a rien fait qui ne soit dans les regles.*

Les loix somptuaires n'ont pas été un frein au luxe de la table.

Les détails où je viens d'entrer, suffisent pour vous faire juger des excès, où le luxe de la table fut porté. On tenta inutilement d'y mettre un frein. On renouvella plusieurs fois une loi, qui ordonnoit de manger dans la piece de la maison, qu'on nommoit *atrium* : espece de vestibule où l'on étoit exposé aux yeux du public. On régla même la dépense de la table. Mais la licence, devenue plus forte que les loix, rendit inutiles toutes ces précautions. Chacun se dégoûta des vestibules : on voulut se dérober aux regards, & les sallons qu'on bâtit à cet effet, furent l'occasion d'un nouveau luxe.

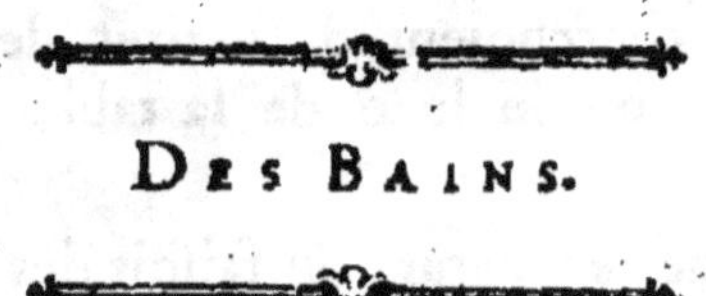

DES BAINS.

Bains publics construits d'abord simplement, & ensuite avec magnificence.

COMME les Romains ne connoissoient pas l'usage du linge, ils étoient dans la nécessité de se baigner fréquemment. Pendant long-temps ils ne se sont baignés que dans les rivieres. Ce n'est du moins que sur la fin de la république, qu'ils ont commencé à construire des bains publics. On s'y baignoit pour la quatrieme partie d'un d'un as, c'est-à-dire, pour trois deniers de notre monnoie.

Les bains, d'abord construits simplement & avec peu de dépense, devinrent dans la suite des édifices, dont on admira la grandeur & la beauté. M. Agrippa, étant édile, en fit construire cent soixante-dix, où les citoyens se baignoient gratis à l'eau chaude & à l'eau froide. Plusieurs empereurs suivirent cet exemple; & cette libéralité fut si agréable au peuple, que ce fut un des plus sûrs moyens de lui plaire.

Alors l'usage de se baigner dégénéra bientôt en abus. On vint aux bains par mollesse, par oisiveté: on y vint parce qu'il y avoit un grand concours, & c'est là que les poëtes, qui aimoient à réciter leurs vers, venoient chercher des auditeurs.

Abus des bains.

Les gens riches avoient chez eux des bains, qui étoient moins construits pour le besoin que pour la sensualité. Lorsque les empereurs s'ennuyoient, ces bains étoient pour eux d'une grande ressource, & on en a vu qui se baignoient jusqu'à cinq ou six fois par jour.

Quelques-uns ne dédaignoient pas néanmoins de se baigner avec le peuple. On raconte qu'Adrien ayant rencontré, dans un bain public, un vieux soldat qu'il reconnut, & qu'ayant remarqué que, faute de valet pour le nettoyer,

Les empereurs se baignoient quelquefois avec le peuple.

ce vieillard se frottoit le dos contre les murs; il lui donna des esclaves & de quoi les nourrir. Peu de jours après, d'autres vieillards ne manquerent pas de se trouver aux bains, & de se frotter aussi le dos contre les murs : mais ils n'eurent que des étrilles; & l'empereur, qui les leur fit distribuer, leur ordonna de s'étriller les uns les autres.

Quant on étoit en deuil, on ne se montroit pas aux bains.

L'usage ne permettoit pas de se montrer aux bains publics, lorsqu'on étoit en deuil : c'étoit une chose si universellement reçue, que les mots *squallor & sordes* sont pris pour deuil dans les meilleurs écrivains. Il sembloit que pour être triste, il fallut être malpropre. C'est une idée de décence qui paroît aujourd'hui bien singuliere : mais avant les Romains, les peuples de l'Asie l'avoient trouvée fort raisonnable.

DES PROMENADES.

L'exercice du corps est nécessaire à l'esprit même.

L'EXERCICE du corps est nécessaire à l'esprit même, qui a quelquefois besoin de se distraire de ses occupations. Pour ceux qui pensent, la promenade est même tout-à-la fois un exercice modéré des facultés du corps & des facultés de l'ame. C'est le moment où l'on observe sans effort & sans fatigue. Tout seul, on réfléchit comme en rêvant, & on laisse aller sa pensée aux objets qui l'appellent. Avec les autres, on cause, on s'éclaire, & la nature devient en quelque sorte un livre qu'on étudie, & que la conversation apprend à lire. Heureusement ce plaisir se trouve à peu de frais, & il est bien mieux goûté de ceux qui savent jouir de la nature, que de ceux qui se piquent de la vaincre. Ils se promenent délicieusement dans un bois, ou dans une prairie.

Lorsqu'à Rome le luxe eut amené l'oisiveté, la promenade, au lieu d'être un délassement devint une occupation. C'est ainsi qu'on change la destination des choses. Bientôt l'Italie parut à peine suffire à la manie de bâtir des maisons de campagne. On combla les mers, on perça les montagnes; & les lieux les plus ingrats furent ornés, s'ils ne furent pas embellis. Si vous voulez savoir comment les plus opulents jouissoient des plaisirs, Lucrece vous l'apprendra.

Le luxe fait de la promenade une occupation dispendieuse.

Exit sæpe foras magnis ex ædibus ille,
Esse domi quem pertæsum est, subitoque revertit
Quippe foris nihilo melius qui sentiat esse.
Currit, agens mannos, ad villam præcipitanter,
Auxilium tectis quasi ferre ardentibus instans:
Oscitat extemplo tetigit cum limina villæ:
Aut abit in somnum gravis, atque oblivia quærit.
Aut etiam properans urbem petit, atque revisit.

Les grands batissoient de vastes portiques pour se promener.

La promenade étant devenue une occupation essentielle, il ne falloit pas qu'elle vînt a manquer. On n'auroit sû que mettre à la place, parce que rien n'est si difficile, que de suppléer aux choses frivoles.

Il n'étoit donc pas raisonnable de se mettre dans la nécessité d'attendre toujours le beau temps, & de s'exposer à être souvent sans promenade, au milieu des plus beaux jardins. C'est pourquoi on joignit aux maisons des galeries, quelquefois si longues qu'on les appella milliaires, & des portiques assez vastes pour se promener en voiture. Ce goût gagna jusqu'aux personnes qui savoient s'occuper. Cicéron ayant fait bâtir, sentoit qu'il lui manquoit une promenade couverte; & il vouloit au moins en avoir une petite: *tecta igitur ambulatiuncula addenda est*, disoit-il. Ce diminutif semble faire la critique d'un usage, où l'exemple l'entraînoit.

Les portiques se multiplierent à la ville & à la campagne. Ce fut un genre de magnificence où les grands chercherent à se surpasser. On y employa le marbre le plus précieux: on les orna de statues, de tableaux; & on s'appliqua, sur-tout, à les rendre commodes pour toutes les saisons.

Portiques publics.

Il falloit au peuple les mêmes ressources qu'aux grands, puisqu'il étoit tout aussi désœuvré. Il y eut donc des portiques publics & en grand nombre. C'étoient des rendez-vous, où à certaines heures on accouroit de toutes les parties de la ville, & où il étoit du bel air de se montrer. Désœuvrement, frivolité, ennui; voilà le partage des grandes villes dans les siecles florissans. Il ne reste d'amusements véritables que pour les personnes, qui, se tenant un peu à l'écart, vivent comme en retraite au milieu du tumulte; & qui, simples spectateurs, observent les sottises des autres.

DES OCCUPATIONS DES ROMAINS DANS LE COURS DE LA JOURNÉE.

Comment les Romains s'assuroient de l'heure.

LES Romains furent long-temps à ne distinguer dans la journée que le matin, le midi & le soir. Sur la fin du cinquieme siecle, ils commencerent à avoir des cadrans solaires assez grossiérement faits; & plus de cent ans après, ils connurent l'usage des clepsydres, qui mesuroient les heures par l'écoulement de l'eau.

Le luxe, qui se répandoit, faisoit alors une nécessité de s'occuper, aux heures marquées par l'usage, de toutes les frivolités qui devoient remplir la journée. On avoit donc besoin de savoir toujours l'heure avec précision. on imagina d'avoir des esclaves, dont tout l'emploi étoit d'observer le cadran ou la clepsydre, & de dire l'heure à leur maître, lorsqu'il la demandoit. C'est la chose dont les gens du monde s'informent le plus, parce que l'ennui, qui les dévore, les force à compter les moments.

Ils comptoient douze heures dans la journée.

Les Romains comptoient douze heures au jour : les six premieres depuis le lever du soleil jusqu'à midi, & les six dernieres depuis midi jusqu'à la nuit. Elles étoient donc, comme les jours, plus longues en été & plus courtes en hiver.

A quoi ils employoient la matinée.

Les citoyens les plus sensés donnoient la matinée à leurs affaires domestiques, aux devoirs de leur état, ou à l'étude. Mais ce n'est pas d'après eux qu'on peut juger des mœurs.

Un plus grand nombre, qui diminuoit tous les jours, commençoit la journée & la finissoit par visiter les temples. Cette dévotion prenoit souvent beaucoup de temps : car si on avoit plusieurs choses à demander, il falloit s'adresser à des divinités différentes, & faire en quelque sorte des pélerinages dans la ville. Les riches faisoient des sacrifices ou d'autres offrandes ; & les pauvres se contentoient de saluer les dieux, en portant la main à la bouche: ce qu'on nommoit par cette raison *adorer*. On adoroit le matin les dieux céleſtes & le ſoir les dieux infernaux.

Il y avoit encore plus de concours à la porte des grands qu'à celle des temples. On conſacroit la premiere heure & même la ſeconde à ces viſites; & ſouvent on devançoit le jour, crainte d'être prévenu ou de laiſſer échapper le moment. Les veſtibules étoient remplis de la foule des clients, auxquels le patron ſe déroboit quelquefois par une porte de derriere. S'il ſortoit publiquement, ils s'empreſſoient autour de lui & l'accompagnoient. Celui-ci alloit chez un plus grand que lui jouer le même perſonnage, & toute la ville étoit en mouvement.

Tous les jours, excepté ceux qui étoient deſtinés aux comices ou conſacrés au repos, les tribunaux ſe tenoient pendant la troiſieme heure, la quatrieme & la cinquieme; & le peuple s'occupoit, avec plus ou moins de chaleur, des affaires qui ſe traitoient. S'il n'y prenoit aucun intérêt, il erroit par déſœuvrement dans les rues & dans les places. Alors ſe préſentoient ceux qui aſpiroient aux charges, accompagnés de leurs amis qui les recommandoient, & ayant à leur gauche des nomenclateurs qui leur diſoient le nom & le ſurnom des paſſants. D'autres couroient tous les quartiers de la ville, uniquement pour se donner en spectacle. Ils payoient des citoyens, afin d'avoir un cortege plus nombreux ; & c'étoit à qui traîneroit après soi plus de litieres, plus d'esclaves & plus de clients.

A quoi ils employoient l'après-midi.

On dînoit à midi : c'étoit un léger repas, après lequel on faisoit communément la méridienne. Ensuite, la multitude se répandoit dans les promenades, pendant que les jeunes gens, qui conservoient quelque reste des anciennes mœurs, jouoient a la paume, ou s'exerçoient dans le champ de mars. Enfin, on alloit aux bains à huit ou neuf heures, & on soupoit à dix.

Dans les temps de spectacles, les jeux remplissoient presque toute la journée.

Telles étoient en général les occupations ou les amusements des Romains dans les temps où il n'y avoit point de spectacles. Dans les autres les jeux remplissoient presque toute la journée. Le matin, on faisoit combattre des hommes contre les bêtes féroces : avant midi, on assistoit à des combats de gladiateurs, auxquels on revenoit après avoir dîné ; & on passoit le reste du jour au cirque ou au théâtre. Mais tout cela a souffert des variations.

DE L'URBANITÉ ROMAINE.

On ne peut pas se faire une idée exacte de l'urbanité.

ROME s'appelloit par exellence *urbs*, la ville, & c'est de-là qu'on a fait *urbanitas*. Or, comme la langue se polissoit dans le temps où les mœurs restoient encore grossieres, ce mot n'a d'abord exprimé que le don de joindre à la pureté du langage, les graces de la prononciation : de parler & de prononcer, comme on parloit & prononçoit à la ville.

A mesure que les mœurs se polirent, l'acception de ce mot s'étendit ;& l'urbanité se remarqua, non - seulement, dans le langage, mais encore dans le geste, dans le ton, dans les manieres, dans l'extérieur de toute la personne, enfin dans tout ce qu'on jugeoit pouvoir contribuer à l'agrément.

L'urbanité est donc une chose qui a varié, & sur laquelle les Romains même n'ont pu s'accorder dans aucun temps. Comment auroient-ils déterminé la notion qu'ils s'en formoient, & dans laquelle chacun, suivant son état, faisoit entrer différents accessoires ? Il en est de l'urbanité comme de ce que nous nommons le ton de la bonne compagnie. Il ne nous est donc pas possible de nous en faire un idée exacte : nous ne pourrions pas même en juger, comme en jugeoient en général les Romains. Nous sommes trop prévenus pour nos usages.

Les Romains avoient des usages qui nous choquent.

Par exemple, nous ne trouverions pas plus de graces que de commodité à manger couché; & nous aurions quelque répugnance à voir prendre les viandes avec les doigts, quelque délicatement qu'on les prît. C'est ainsi néanmoins qu'on mangeoit encore dans le siecle d'Auguste. La coutume de boire souvent tous dans la même coupe auroit encore de quoi nous dégoûter.

Cependant pour ne pas juger précipitamment, il faut considérer que les circonstances peuvent amener chez différents peuples des usages différents, & tous également fondés en raison.

Dans une république, où tous les citoyens avoient droit de suffrage, il étoit impossible qu'un candidat connût tous ceux dont il briguoit la faveur. Cependant aucun d'eux ne vouloit être inconnu; & c'est, sans doute, ce qui introduisit l'usage de saluer chacun par son nom. Chez nous au contraire ce seroit-là une impolitesse; parce que n'ayant de relation qu'avec le petit nombre de personnes que nous connoissons, leur nom, qu'il est superflu de prononcer, ne paroît dans notre bouche qu'une affectation de familiarité ou de supériorité.

Nous trouverions bien de l'excès dans la politesse à laquelle les premiers citoyens se prêtoient, lorsqu'ils se montroient dans la place pour s'assurer des suffrages. Ce n'étoit pas assez de saluer, il falloit embrasser. Le besoin de ménager les citoyens de tout état, faisoit une nécessité de s'assujettir à un usage, qui s'étoit introduit sans répugnance dans les premiers temps de la république.

Nous en avons qui les choqueroient.

Mais les Romains trouveroient aussi chez nous bien des choses qu'ils n'approuveroient pas. Plus simples, ils ne croiroient voir que de la frivolité dans plusieurs de nos usages, & ils ne comprendroient pas le ton sérieux avec lequel nous en jugeons. Ils seroient scandalisés de nous voir courber le corps en nous abordant, & ils seroient choqués de nos expressions rampantes ou tout-à-fait vuides de sens. Pour comprendre ces choses, il faudroit qu'ils pussent prévoir ce qu'ils deviendront sous les empereurs.

L'urbanité considérée dans ses causes.

D'après ces considérations, nous n'approuvons & nous ne blâmons que ce qu'il y a de plus sensible dans l'urbanité. Ce qui la caractérise plus particuliérement est un je ne sais quoi, dont il n'est pas possible de se faire une idée précise. il me suffira de l'examiner dans ses causes. A cet effet, je distinguerai le peuple, les grands & les gens de lettres. Il est évident que ces trois classes de citoyens devoient produire trois sortes d'urbanité bien différentes.

Je me représente dans les manieres du peuple quelque chose de fier, de grossier & de féroce. Ce caractère ne pouvoit manquer d'être l'effet d'un empire acquis par des guerres non-interrompues, & celébre par une longue suite de triomphes. D'ailleurs la grossiereté étoit entretenue par les farces qui excluoient la bonne comédie, comme la férocité l'étoit par les combats de gladiateurs.

On remarque qu'en général les grands, qui par le rang se trouvent placés dans la première classe des citoyens, se placent eux-mêmes dans la derniere par les sentiments qu'ils montrent: & on a dit à ce sujet que les extrémités se touchent. Cette observation n'a, nulle part, été plus vraie qu'à Rome. En effet, étoit-il possible de vivre au milieu du peuple, de n'être occupé qu'à lui plaire, de ne goûter que les jeux dont il s'amusoit, & de n'en pas prendre les manieres plus ou moins? Considérons, sur tout, qu'on voyoit alors ce qu'on ne voit plus aujourd'hui. Car c'étoient les grands qui faisoient la cour au peuple: ils étoient les flatteurs.

Excepté Athènes, où la populace même avoit du goût, par-tout où le peuple aura la principale part à la souveraineté, la politesse aura toujours quelque chose de grossier. Ce n'est pas néanmoins que je prétende qu'à Rome les grands ne différassent en rien du peuple : je veux dire seulement qu'ils lui ressembloient à bien des égards. D'ailleurs se trouvant par état dans des circonstances differentes, il falloit nécessairement qu'ils contractassent des habitudes particulieres.

Ce sont eux qui les premiers ont cultivé les lettres. Or, ceux qui s'y sont appliqués avec fruit, ont dû être les modeles de la vraie urbanité.

Ils eurent en ce genre les Grecs pour maîtres. Ils les lisoient, ils les attiroient auprès d'eux, ils alloient enfin respirer l'air d'Athènes ; & par ce moyen, ils enlevoient insensiblement l'atticisme, comme ils avoient enlevé les arts : je veux dire, qu'à cet égard ils furent encore inférieurs aux Athéniens. En général, ils ne pouvoient en avoir la douceur, ni même l'humanité.

Cependant, plusieurs devinrent, sans doute, d'excellents écoliers. C'étoit l'effet des soins qu'on donnoit à l'éducation. Car, à Rome on étoit convaincu que les habitudes, contractées dans l'enfance, déterminent ce qu'on doit être un jour. Les Romains néanmoins n'y apportoient pas autant de scrupule que les Grecs, qui jugeoient essentiel ce que d'autres peuples auroient jugé frivole. C'eſt pourquoi Cornélius Népos, voulant parler des premieres etudes d'Epaminondas prend des précautions contre la façon de penſer de ſes concitoyens. Mais enfin, dans les meilleures familles, on avoit au moins l'attention de confier d'abord les enfants aux eſclaves les plus inſtruits, & de les envoyer enſuite en Grece pour achever leurs études.

On leur apprenoit à lire avec goût les meilleurs écrivains, à penſer, à s'exprimer comme eux: on les formoit aux exercices de toute eſpece, on les accoutumoit aux fatigues: enfin on ſemoit dans leur ame les connoiſſances, qui devoient les préparer à remplir un jour toutes les charges de la république. Auſſi, parmi les Romains les lettres, la guerre, le barreau, le ſacerdoce paroiſſoient à peine des profeſſions différentes. Le même homme paſſoit ſucceſſivement par toutes les magiſtratures, & ne paroiſſoit étranger dans aucune. Tranſporté de charge, en charge, il s'étudioit à prendre, ſuivant les circonſtances, les habitudes qui lui aſſuroient des ſuccès. Par-là, ſon caractère ſe formoit des meilleures qualités qu'il avoit acquiſes dans différentes poſitions, & qui, ſe tempérant mutuellement, ne pouvoient manquer de produire l'effet le plus agréable. Telle étoit l'urbanité: nous ne l'appercevons pas en elle-même, nous en jugeons ſeulement par ſes cauſes.

Quand nous parlons de nos mœurs, le mot *urbanité* n'eſt point d'uſage: ceux de *politeſſe* & de *civilité* ne le rendent pas, & celui *d'élégance* le rendroit ſeul, ſi le tranſportant du langage au ton & aux manieres, nous lui donnions la même étendue qu'au mot *urbanité*. Je le prendrai dans cette acception, & je chercherai notre élégance dans ſes cauſes.

L'élégance françoiſe conſidérée dans ſes cauſes.

Il eſt évident que parmi nous l'éducation ne forme pas à l'élégance, ſi, par ce mot, nous entendons des habitudes acquiſes, propres à répandre de l'agrément dans ce que nous faiſons, comme dans ce que nous diſons.

Quand on a fini ſes études, on ſait mal ce qu'on a appris; on ne ſait encore rien de ce qu'il importe le plus de ſavoir; & on n'eſt préparé à aucune profeſſion.

C'eſt néanmoins le moment de prendre un parti, & on demande à un jeune homme quelle eſt ſa vocation. Mais il n'en ſauroit avoir. Comment choiſiroit il entre les différents états qu'on lui propoſe, s'il ne connoît pas quels en ſont les devoirs, ni quelles ſont les qualités qu'il y faut apporter? Les parents le décident, & on le met dans la robe, dans l'épée ou dans l'égliſe.

Conſidérons les jeunes gens qui ayant pris un état, ont quelque envie de s'y diſtinguer.

S'ils sont impatients de s'instruire, ils le sont plus encore de jouir du monde où tout est nouveau pour eux. Ils lisent à la hâte. S'ils trouvent un livre qui parle de bien des choses, & qui en parle hardiment, c'est tout ce qu'il leur faut. Ils ne l'entendent pas: mais ils ont de la mémoire, ils en retiennent quelque chose, & ils se croient instruits. De l'ignorance, de la confiance & de la fatuité: voilà ce qu'on remarque dans la jeunesse qui se renouvelle tous les ans. Certainement ce n'est pas chez elle qu'il faut chercher l'élégance. Ce ne sera pas non plus dans les sociétés où elle est goûtée.

Considérons donc les hommes d'un âge mûr, & observons-les dans l'épée, dans la robe & dans l'église.

Je remarque que chacune de ces professions a son ton, ses manieres, son esprit; & qu'elles paroissent former trois nations différentes. Elles ne peuvent se rapprocher, qu'aussitôt on ne juge le militaire trop grave, le robin ridicule & l'ecclésiastique indécent. Si, au contraire, ils se renferment chacun dans les bornes de leur état, nous croyons remarquer en eux une affectation d'être toujours ce qu'ils doivent être; & nous appellons cela de la pédanterie. Il est donc impossible de trouver une élégance commune à ces trois professions.

Il

Il reste les gens de lettres & les hommes désœuvrés, qui sont toujours en grand nombre dans une grande ville. Quand nous considérons ces deux classes séparément, nous trouvons dans les premiers de la solidité ; mais en même temps un air emprunté, qui les fait paroître étrangers, dès qu'ils sortent de leur cabinet. Nous ne trouvons, au contraire, dans les autres que des manieres frivoles ; mais elles sont accompagnées de graces, parce que le desir de plaire en doit donner à des personnes, qui ne s'amusent qu'autant qu'elles commercent ensemble.

Quelque distance qu'il y ait entre ces deux classes, elles sont les plus faites pour se rapprocher. Les gens de lettres trouvent par intervalles une distraction agréable dans les manieres légeres de ceux qui n'ont que des graces en partage; & les personnes désœuvrées, dont la curiosité se réveille quelquefois, sentent aussi par intervalles le besoin de la satisfaire, lorsqu'il ne leur en coûte que d'écouter. Ils se cherchent donc les uns les autres ; de sorte qu'insensiblement les premiers parviennent à badiner avec légéreté, & les seconds à penser solidement. Voilà, je crois, la vraie & l'unique source de l'élégance françoise.

D'après ces réflexions, je conjecture que notre élégance a plus de frivolité que de solidité ;

que l'urbanité romaine avoit plus de solidité que de frivolité ; & que l'atticisme allioit à peu-près également ces deux choses. Je ne connois point de peuple qui ait été tout-à-la fois plus solide & plus frivole que les Athéniens.

CHAPITRE IV.

De la Jurisprudence.

On fait honneur aux Romains d'avoir créé la jurisprudence. Pour juger s'ils méritent des éloges à cet égard, il faut observer cette science dans son origine & dans ses progrès.

Il y a trois choses à considérer dans la jurisprudence

La jurisprudence est la connoissance du droit; elle comprend toutes les loix, d'après lesquelles on juge les citoyens.

Il y a trois choses à considérer pour juger de cette science : premierement, les loix en elles-mêmes, la maniere dont elles se font, & la puissance qui les protege & qui les fait observer; en second lieu, l'administration de la justice, c'est-à-dire, l'autorité qui est donnée aux juges, & les regles ou formes qu'ils suivent dans les jugements ; enfin l'explication ou l'interprétation des loix, & à qui elle est confiée.

Sous les rois, les loix n'ont été que des usages introduits par les circonstances, ou des réglements proposés par le sénat, & confirmés

Sous les rois la jurisprudence n'étoit pas née encore.

dans l'assemblée du peuple. Ainsi c'est la nation qui portoit les loix, & qui les protégeoit.

Comme alors les Romains avoient peu de besoins, ils avoient peu de sujets de dissentions; &, par conséquent, les loix étoient simples & en petit nombre.

Dès que les loix étoient simples, l'administration de la justice l'étoit également. On n'imaginoit pas de l'assujettir à une multitude de formes, & les rois, qui étoient les seuls juges, se régloient d'après l'équité naturelle. On peut présumer que, lorsqu'il survenoit des cas difficiles, ils consultoient, & qu'ils formoient un tribunal qui jugeoit avec eux.

Les loix sont presque toujours claires, quand elles sont simples & en petit nombre. Celles des Romains, sous les rois, avoient donc rarement besoin d'être interprétées. Si cependant le cas arrivoit, le sénat les expliquoit; & son explication avoit force de loi, dès qu'elle avoit été confirmée dans l'assemblée du peuple.

Tant que les loix ont été simples, claires & en petit nombre, la connoissance s'en acquéroit si facilement, qu'on ne la regardoit pas comme une science. Alors, par conséquent, la jurisprudence n'étoit pas née encore.

Jusqu'à l'expulsion des rois, les Romains ont donc été proprement sans jurisprudence. C'est un avantage dont les républiques de la Grece ont toujours joui. Comme les circonstances par où elles ont passé, ne les mettoient pas dans la nécessité de multiplier les loix & de les compliquer; elles n'ont pas fait de ces codes, ou collections de loix, qui ayant besoin d'être toujours interprétés, deviennent plus obscurs, à mesure qu'on les commente davantage. Leurs loix simples, en petit nombre, & faciles à connoître, ne pouvoient pas être l'objet d'une science.

Chez les Grecs elle n'étoit pas une science.

Après l'expulsion des Tarquins, les patriciens se saisirent de la puissance législative; les consuls, seuls juges des citoyens, rendirent la justice arbitrairement; & si quelquefois ils paroissoient avoir des doutes, on consultoit le collège des pontifes, dont les réponses étoient reçues comme des oracles.

Chez les Romains elle devint une science après l'expulsion des rois.

Les loix n'étoient donc connues que des patriciens, qui les changeoient ou les interprétoient suivant les intérêts de leur ordre. Un jugement rendu dans une affaire, tenoit lieu de loi pour tous les cas semblables, tant qu'il importoit aux patriciens de le regarder comme une loi. Lorsqu'il leur fut avantageux de n'avoir aucun égard à ce premier jugement, ils n'en tinrent aucun compte; & ils eurent bientôt des jugements contradictoires, &, par conséquent, des loix qui les favorisoient dans tous les cas possibles. Ce désordre s'introduisoit facilement, soit parce que, de la part des consuls, la justice étoit tout-à-fait arbitraire; soit parce que les pontifes, qui étoient devenus les interpréres des loix, ne rendoient aucune raison de leurs décisions.

La puissance législative, la puissance exécutrice & la puissance interprétative concouroient donc à repandre l'obscurité sur les loix; & le corps des loix devenoit une science, dont les patriciens avoient seuls le secret. Ce fut alors proprement que la jurisprudence commença.

Après la publication des douze tables, les loix se multiplierent & se compliquerent.

Pour remédier aux abus, il falloit des loix, qui, simples, claires & connues de tout le monde, servissent de regles aux magistrats dans le jugement des affaires publiques & particulieres. C'est ce qui fut proposé par le tribun C. Terentillus; & on nomma les décemvirs à cet effet.

Lorsque les loix des douze tables eurent été portées, les dissentions, bien loin de cesser, se renouvellerent avec plus de vivacité que jamais. Les plébéiens, qu'elles humilioient, connurent qu'ils ne pouvoient attendre de justice que d'eux-mêmes. Ils aspirerent aux magistratures, & peu-à-peu l'autorité se partagea entre les deux ordres.

Alors les loix furent uniquement l'ouvrage des circonstances. Non-seulement, la puissance législative ne parut pas voir au de-là du moment présent; elle parut même changer de vues, comme d'intérêts, suivant qu'elle passa des patriciens aux plébéiens, qu'elle se balança entre ces deux ordres, ou qu'elle se concentra dans un magistrat qui se rendoit maître des comices. Le sénat, les centuries, les tribus, les dictateurs, les consuls, & les tribuns furent tour-à-tour legislateurs. On oublia les loix, on les abolit, on les renouvella, on les interpréta, & enfin on les éluda, quand on eut le pouvoir de s'y soustraire. Il est évident que tout cela ne pouvoit former qu'un code monstrueux.

Des jurisconsultes s'établissent comme interpretes des loix.

Les plébéiens parvenoient aux magistratures, & cependant l'oppression continuoit; parce que les patriciens étoient encore assez puissants pour entretenir la confusion où étoient les loix: ils avoient même pour eux ceux du second ordre, qui épousoient leurs intérêts, à mesure qu'ils s'élevoient.

Plus cette confusion croissoit, plus on sentoit la nécessité d'y apporter quelque remede; & ce fut alors qu'il y eut des citoyens, qui s'appliquerent à l'étude des loix. On les nomma jurisconsultes. Ils répondoient à ceux qui les venoient consulter: ils se montroient en public, pour aller au devant des questions qu'on leur pouvoit proposer: s'il étoit nécessaire, plusieurs s'assembloient; & après avoir discuté les points controversés, ils les décidoient à la pluralité des voix.

Comme interprétes des loix, les jurisconsultes avoient pour objet de lever les équivoques & les incertitudes qui les enveloppoient, de concilier celles qui renfermoient des contradictions apparentes, de choisir avec discernement, lorsqu'en effet, elles étoient contradictoires, en un mot, de déterminer avec précision les cas où chaque loi étoit applicable.

Connoissances & qualités nécessaires aux jurisconsultes.

Cette recherche demandoit une grande connoissance des temps, des usages & des changements arrivés dans la langue. Un usage ignoré, une circonstance oubliée, un mot dont la signification n'étoit plus entiérement la même, formoient autant d'obstacles qui ne permettoient pas de saisir l'esprit de la loi. Il falloit encore une philosophie saine, une critique judicieuse, une analyse sûre & une méthode exacte. Or, Rome a-t elle jamais produit un génie qui ait réuni tous ces avantages? Varron, qui a passé pour le plus savant des Romains, n'étoit pas jurisconsulte; & d'ailleurs, il s'ensuivroit que jusqu'à lui la jurisprudence auroit manqué des secours les plus nécessaires.

Ils étoient peu considérés pendant la république.

Il étoit d'ailleurs difficile aux meilleurs jurisconsultes de se rendre utiles par leurs travaux. Car, tant que la république a subsisté, il y a eu des partis puissants, qui s'intéressoient au désordre & à la confusion. Les orateurs, sur-tout, ne vouloient pas qu'on répandît la lumiere sur la jurisprudence. Comme ils se piquoient de défendre toute sorte de causes, & de gagner les plus mauvaises, ils aimoient à rendre problématiques les questions les plus simples, opposant loi à loi, brouillant tout, confondant tout. La réputation dont ils jouissoient, donnoit beaucoup de poids à leur façon de penser; & ils jettoient des ridicules sur les jurisconsultes qu'ils appelloient, par mépris, *formularii* ou *leguleï*. Aussi les jurisconsultes n'ont-ils été considérés que sous les empereurs; & peut-être le furent-ils trop; car souvent leurs décisions eurent force de loi.

Moins les jurisconsultes avoient de considération, moins ils pouvoient être utiles. On faisoit si peu de cas de leur profession, qu'on l'abandonnoit à quiconque vouloit l'embrasser. Chacun pouvoit se donner pour jurisconsulte, & cet abus a subsisté jusqu'à Auguste. Il y avoit néanmoins de l'imprudence à laisser l'interprétation des loix à des hommes qui, par ignorance ou par mauvaise foi, pouvoient abuser de la confiance des citoyens.

Ils ont commencé tard à écrire, & quand ils ont écrit, c'étoit sans méthode.

Pendant long-temps, il n'y eut rien d'écrit sur la jurisprudence. Par conséquent, à chaque génération, les jurisconsultes étoient bornés aux connoissances des temps où ils vivoient. Ils n'étoient pas éclairés par ceux qui les avoient précédés, & ils n'éclairoient pas ceux qui devoient venir après eux.

Ils n'ont commencé à écrire, que lorsque les Romains commençoient à prendre connoissance des ouvrages des Grecs, c'est-à-dire, au commencement du sixieme siecle, Mais ils ne savoient pas encore se proposer un objet général : ils ne se faisoient point d'idées précises des choses qu'ils traitoient : ils ne définissoient rien : ils n'avoient point de plan : ils ne songeoient pas à distribuer les matieres dans une suite de classes subordonnées : ils ramassoient seulement les questions qu'on leur avoit faites, & les décisions qu'ils avoient rendues ; & ils ne donnoient point de principes pour résoudre les difficultés qui s'offroient le plus souvent. C'est avec aussi peu d'art qu'ils ont traité la jurisprudence jusqu'à Servius Sulpicius, qui écrivit avec plus de méthode. Il étoit contemporain de Cicéron.

Cette méthode fut encore bien imparfaite. On la prit dans la dialectique des Grecs, qui n'a jamais été qu'un jargon. Cependant, pour s'être fait philosophes, les jurisconsultes se crurent plus habiles. Ils puiserent dans toutes les écoles, sur-tout, dans celle de Zénon, à laquelle ils donnoient la préférence ; & ils définirent la jurisprudence, comme les Stoïciens avoient défini la philosophie, *la science des choses divines & humaines*. Admirable définition !

Pendant que les jurisconsultes contribuoient si peu à répandre des lumieres sur la jurisprudence, les loix continuoient à se multiplier.

Les loix se multiplioient à mesure que la république faisoit des conquêtes.

Non-seulement, elles se multiplioient à l'occasion des dissentions, elles se multiplioient encore à mesure que la république faisoit des conquêtes.

Parmi les villes d'Italie, les unes jouissoient des droits de cité, les municipes conservoient leurs loix, & les préfectures étoient gouvernées par des magistrats qu'on renouvelloit chaque année. La jurisprudence varioit donc nécessairement d'une ville à l'autre. Elle devoit même varier encore dans le même lieu, soit par le changement fréquent des magistrats, dont le gouvernement étoit arbitraire, soit par les droits qu'on accordoit ou qu'on enlevoit aux peuples pour les récompenser ou pour les punir. Il dut, sur-tout, se faire une grande révolution dans les loix, lorsqu'on eut accordé aux alliés les droits de cité. Dévenus citoyens, ils avoient des coutumes qu'ils conserverent. Ils les apporterent à Rome, où elles se naturaliserent peu-à-peu; & elles firent partie du code.

L'abus fut encore plus grand, lorsque les Romains eurent étendu leurs conquêtes au de-là de l'Italie. Car dans la nécessité de ménager les peuples, ils furent plus d'une fois forcés de leur laisser leurs loix. Le code s'étendit donc comme l'empire, & devint un assemblage de pieces mal assorties.

Droits de propriété violés par les généraux.

Les généraux mirent le comble aux abus, lorsqu'ils s'arrogerent de distribuer aux soldats les domaines de la république & ceux des particuliers. C'étoit établir de nouveaux droits par la force, sans détruire ceux qui étoient plus anciens & plus légitimes. Ce desordre, sur la fin de la république, vint au point, qu'il paroissoit difficile de décider, si les terres appartenoient à ceux qui les possédoient, ou à ceux qui en avoient été dépouillés. Les Romains le savoient eux-mêmes si peu, que Virgile regardoit Auguste comme un dieu bienfaisant, parce que cet usurpateur lui avoit fait rendre un petit champ qui lui avoit été enlevé.

L'administration arbitraire de la justice augmentoit le désordre.

Les loix se multiplioient, & la puissance législative les compliquoit tous les jours davantage. La confusion que produisoit ce désordre, croissoit encore par la maniere dont la justice étoit administrée.

Comme les premiers magistrats ont été pendant long-temps tirés uniquement du premier ordre, le sénat, auquel il importoit qu'ils eussent la plus grande autorité possible, ne les avoit assujettis à aucune regle dans l'exercice de leurs fonctions. Nous avons vu que les censeurs jouissoient d'une puissance illimitée, dont ils pouvoient abuser impunément. On ne borna pas davantage la puissance des consuls, & il paroît que tant qu'ils furent chargés de rendre la justice, il dépendit d'eux de la rendre d'une maniere arbitraire.

Lorsque l'an de Rome 388, l'administration de la justice fut confiée au préteur de la ville, ce nouveau magistrat se trouva naturellement revêtu à cet égard de toute l'autorité des consuls; il l'exerca, comme eux, avec toute l'étendue qu'elle avoit eue jusqu'alors. Il en fut de même du préteur étranger, qu'on créa 124 ans après, en 512.

Les préteurs ne jugeoient pas seuls. Ils présidoient à des tribunaux, dont les membres, jusqu'à C. Gracchus, ont été pris dans l'ordre des sénateurs. Ce tribun transporta les jugements aux chevaliers, & nous avons vu que ce fut là un grand sujet de dissentions.

Mais de quelque maniere que les tribunaux aient été composés, il paroit que les prévarications ont été fréquentes avant & après les Gracques. Ce désordre ne venoit pas uniquement de la corruption des mœurs: il avoit pour premiere cause le défaut de regles dans l'administration de la justice. Les loix laissoient un libre cours aux prévarications, parce qu'elles ne prescrivoient ni les formes ni les principes qu'on devoit suivre invariablement dans les jugements.

Edit des préteurs. Abus qu'ils faisoient de leur autorité.

Ces formes & ces principes étoient absolument au choix des préteurs. On exigea seulement d'eux qu'ils fissent connoître, lorsqu'ils entroient en charge, les formes & les principes qu'ils suivroient; & ils donnoient un édit à cet effet. La jurisprudence varioit donc d'une année à l'autre, suivant les lumieres ou l'équité des préteurs qui se succédoient.

Cet abus, qu'on a peine à comprendre, n'étoit pas le seul. La jurisprudence pouvoit encore varier, & varioit même souvent dans la même année: car le préteur ne se conformoit pas toujours, dans ses jugements, à l'édit qu'il avoit publié. Il jugeoit par passion, par faveur, & la justice devenoit tout-à-fait arbitraire. Il est vrai qu'on entreprit de remédier à ce dernier abus: mais ce ne fut que l'an de Rome 687. Une loi, proposée par le tribun C. Cornélius, ordonna que les préteurs seroient tenus de se conformer à leur édit.

Cornélius ne remédia qu'à une partie du mal. L'usage où étoient les préteurs de se faire, chaque année, des principes à leur choix dans l'administration de la justice, a subsisté jusqu'au second siecle de l'ére chrétienne. C'est l'empereur Adrien, qui a le premier donné un édit perpétuel, qui devoit servir de regle aux préteurs, & auquel il ne leur étoit plus permis de rien changer.

Collection

Les édits des préteurs, les loix des empereurs

& les décisions des jurisconsultes forment une collection, qui est l'objet de la jurisprudence : quand on considere comment elle a été faite, on ne peut pas douter qu'elle ne contienne d'excellentes loix. Cependant peut-on penser qu'elle soit autre chose qu'un chaos ?

qui est l'objet de la jurisprudence.

L'administration arbitraire de la justice est une nouvelle preuve que les Romains n'ont jamais connu la vraie liberté.

Nouvelle preuve que les Romains n'ont pas été veritablement libres.

CHAPITRE V.

Du goût des Romains pour la philosophie.

Chez les Romains, comme chez les Grecs, la philosophie ne s'établit qu'à mesure qu'on s'intéressa moins au gouvernement.

IL s'est écoulé trois siecles depuis Homere jusqu'à Thalès, qui florissoit six cents ans avant J. C. La philosophie, ou ce qu'on nommoit ainsi, a donc commencé tard chez les Grecs. Elle se répandit même avec assez de lenteur: car les écoles ne se multiplierent, que lorsqu'on se dégoûta de prendre part au gouvernement. On parut alors chercher, dans la liberté de penser, un dédommagement à la perte d'une liberté plus précieuse; & on fut philosophe avec la même passion qu'on avoit été citoyen.

Ignorée des Romains pendant plusieurs siecles, la philosophie ne s'établit aussi parmi eux, que lorsque la licence commençoit à diminuer le zele pour le bien public & pour l'ancien gouvernement. Jusqu'alors, ils s'étoient occupés de toute autre chose que de recherches philosophiques. Ils n'avoient pas même étudié la morale & la législation, qui avoient été la premiere te étude des philosophes de la Grece. Condamnés à être conquérants, & à n'être que conquérants, ils s'appliquoient uniquement à perfectionner l'art militaire. Toute autre étude leur paroissoit inutile ou frivole; & les sciences leur étoient étrangeres, ainsi que les beaux arts.

Epoque où la philosophie & l'éloquence s'introduisent à Rome.

C'est sur la fin du sixieme siecle, principalement dans l'intervalle de la guerre de Persée à la troisieme guerre punique, que la philosophie se fit connoître à Rome, & elle y introduisit avec elle le goût pour l'éloquence & pour les lettres: car l'éloquence & la philosophie n'étoient alors qu'une même chose. Elles se rapprochoient au moins, & se confondoient. En effet, Carnéade, le plus célebre des philosophes de ce siecle, n'étoit qu'un rhéteur, qui dissertoit sur des opinions.

Parmi les Romains, l'éloquence n'avoit pas jusqu'alors été réduite en art. Comme ils n'avoient point de modeles en ce genre, ils n'avoient point non plus de préceptes. Leur langue, encore imparfaite, étoit peu susceptible de précision & d'ornements. Difficile à manier, bien loin de se prêter à tous les mouvements de l'ame, elle avoit une inertie, qui ne pouvoit se vaincre que peu-à-peu & après des efforts redoublés. Elle mettoit des entraves au génie des orateurs, qui, n'ayant encore que l'instinct pour guide, ne pouvoient être que mauvais ou bien médiocres.

Il y avoit quelque temps que les philosophes & les rhéteurs grecs commençoient à venir à Rome où ils ouvroient des écoles, lorsque Paul Emile, après la défaite de Persée, amena d'Athènes Métrodore, qui passoit pour exceller dans la philosophie & dans la peinture. Il lui donna la direction des ornements de son triomphe, & il le chargea d'achever l'éducation de ses fils.

Un décret du sénat chasse de Rome les philosophes & les rhéteurs.

Cependant le goût de la philosophie, quoique autorisée par l'exemple de Paul Emile, paroissoit contraire à l'esprit du gouvernement. Les vieux sénateurs, qui n'avoient pas été élevés dans les lettres grecques, regardoient les questions des philosophes & les préceptes des rhéteurs comme des frivolités dangereuses. Ils jugerent donc devoir s'opposer à ces nouvelles études; & l'an de Rome 593, ils obtinrent du sénat un décret par lequel les philosophes & les rhéteurs furent chassés de la ville.

Trois philosophes envoyés à Rome par les Athéniens.

Quelques années après, une ambassade, envoyée par les Athéniens, hâta la révolution que redoutoient les vieux sénateurs; & c'est proprement l'époque, où le goût des lettres grecques se répandit parmi les Romains.

Les ambassadeurs étoient Carnéade chef de la nouvelle académie, Diogene le Stoïcien & le Péripatéticien Critolaüs. Les Athéniens regardoient l'estime qu'ils avoient pour ces philosophes, comme un présage du succès de la négociation.

En effet, ces ambassadeurs furent extraordinairement accueillis. Ils parurent des hommes merveilleux aux yeux des Romains, qui admiroient d'autant plus, qu'ils étoient plus ignorants, & les jeunes gens s'empressèrent pour les entendre. Carnéade, sur-tout, les ravissoit: ils en parloient, comme d'un homme dont le savoir étoit plus qu'humain, & dont l'éloquence persuasive portoit à sacrifier toutes les occupations & tous les plaisirs à l'unique étude de la philosophie. Bientôt ses discours furent traduits par un sénateur, & on se les arracha.

Qu'ils s'en retournent dans leurs écoles, disoit Caton le Censeur, *& qu'ils instruisent les enfants des Grecs: mais que les enfants des Romains n'écoutent ici que les loix & les magistrats.* Il employa tout son crédit pour terminer promptement l'affaire qui les avoit appellés à Rome, & il les fit partir.

Caton veut qu'on se hâte de les renvoyer. Il avoit raison.

Caton avoit raison. Dans un siecle où le luxe commençoit à se répandre, & où par conséquent, on commençoit à se détacher de la patrie, il étoit dangereux d'offrir à la jeunesse romaine un objet d'étude, qui pouvoit la dégoûter de tout autre, & auquel déja elle se portoit avec enthousiasme. Caton étoit un de ceux qui jugeoient que toute la science des philosophes grecs n'étoit que frivolité. Il ne savoit pas, sans doute, combien il étoit raisonnable d'en juger ainsi. Mais il ne voyoit pas qu'elle renfermât des choses utiles à un peuple guerrier & conquérant ; & il ne remarquoit pas que les Grecs, depuis qu'ils étoient philosophes, en fussent devenus meilleurs citoyens. En effet, la manie de philosopher avoit achevé d'étouffer en eux tout amour de la patrie.

Ce n'est pas que l'éloquence, la philosophie, les lettres, en un mot, ne puissent se concilier avec les vertus militaires & civiles. Le second Scipion l'Africain, qui étoit jeune encore, prouva bientôt que ces choses ne s'excluent pas. Il attiroit les savans auprès de lui. Il vivoit avec Panétius le Stoïcien, avec Polybe. Il se plaisoit dans la lecture des poëtes. On le croyoit poëte lui-même ; & on l'a soupçonné, ainsi que Lélius son ami, d'avoir eu part aux comédies de Térence.

Ce sont les citoyens destinés par la naissance aux premieres magistratures, qui s'appliqueront avec plus de passion à l'étude de la langue grecque, & ce sera le malheur de la république. Car ils trouveront, dans des sectes de philosophie, une morale qui les enhardira à sacrifier la patrie à leur ambition, & l'éloquence, à laquelle ils vont se former, sera pour eux une arme de plus. César a été philosophe & orateur.

La précaution de Caton a donc été inutile. Le mal étoit fait : les jeunes gens avoient écouté Carnéade. Ils succéderent dans les magistratures aux hommes séveres qui les blâmoient. Alors, maîtres de leurs études, ils se livrerent aux lettres grecques avec le goût qu'on a pour la nouveauté : goût d'autant plus vif, qu'il avoit été contrarié. Leur séjour dans la Grece & dans l'Asie leur fournit l'occasion de se satisfaire. Ils lurent, ils converserent, ils rapporterent avec eux les ouvrages des Grecs, & ils appellerent à Rome les philosophes & les rhéteurs.

Goût des lettres grecques parmi les Romains.

Ce fut alors que la langue grecque fut cultivée sans opposition ; & comme les goûts sont exclusifs, sur-tout, quand ils sont nouveaux, on négligea presque généralement la langue latine. On ne voulut plus parler que la langue des philosophes & des rhéteurs ; de sorte que pour apprendre à haranguer le peuple qui n'entendoit que le latin, on apprenoit dans les écoles à composer des discours en grec. Ce préjugé prévalut si fort, que lorsque cinquante ou soixante ans après, L. Plotius Gallus ouvrit la premiere école latine, les censeurs Domitius Ahenobarbus & Licinius Crassus condamnerent par un édit ce nouvel usage, comme contraire aux anciennes coûtumes & au bon ordre. De pareils préjugés paroissent fort extraordinaires. Ils ne le sont pas néanmoins, ils ne sont qu'absurdes.

L'étude de la langue grecque fait négliger la langue latine.

Nous les retrouverons chez nos ancêtres, à la renaissance des lettres.

Après avoir vu les lettres grecques s'établir chez les Romains, il nous reste à observer les succès des différentes sectes parmi eux.

Les citoyens rigides deviennent sectateurs du Portique.

Quoique la ruine de Carthage soit l'époque où les mœurs commencerent à changer sensiblement, on remarquoit néanmoins encore dans le gouvernement un reste de l'ancienne sévérité. D'aprés cette seule considération, vous pouvez deviner la secte, pour laquelle se déclarerent les citoyens rigides, qui aimoient véritablement la république. Celle du Portique étoit la plus conforme à leur caractère. Ils furent donc stoïciens.

Une circonstance a pu contribuer aussi à les déterminer dans ce choix. C'est que Scipion fut instruit par Panétius stoïcien. Ayant donc adopté la doctrine de Zénon, il entraîna par son autorité un grand nombre de ceux qui se porterent à l'étude de la philosophie. Il est vrai, cependant, qu'il ne fut pas stoïcien rigide : son goût pour tous les genres de litterature, &, surtout, pour la poësie, ne le permettoit pas.

Les jurisconsultes préférent aussi cette secte.

Les jurisconsultes furent des premiers à cultiver la philosophie. Ayant dessein de débrouiller le chaos des loix, il paroissoit naturel qu'ils fissent une étude, dans laquelle ils croyoient devoir apprendre à raisonner. Quand je ne vous aurois pas dit la secte qu'ils ont préférée, vous le devineriez facilement, en vous représentant leur objet. Le pyrrhonisme étoit contraire à leurs vues, parce que ne reconnoissant aucune regle de vérité, il détruisoit tout principe de morale. L'académie, qui n'osoit rien assurer, ne pouvoit être goûtée par des hommes qui aimoient à donner des décisions. La secte d'Épicure contrarioit tout-à-la fois, & leur objet, parce qu'elle renversoit toute religion; & leur caractère, parce qu'elle inspiroit de l'éloignement pour les affaires publiques. Platon étoit trop sublime. On pouvoit estimer sa métaphysique, parce qu'on ne savoit pas se faire des idées exactes. mais on n'y trouvoit rien dont on pût faire usage; & le songe, dans lequel il avoit cru voir le modele d'une bonne république, ne pouvoit certainement convenir aux Romains, ni même à aucun autre peuple. Enfin Aristote n'étoit pas connu à Rome, parce que ses ouvrages n'avoient pas encore été recouvrés; & les deux plus anciennes sectes, l'Ionique & l'Italique, étoient éteintes & ignorées. Il ne restoit donc que le Portique. Or, les stoïciens avoient beaucoup écrit sur les devoirs des citoyens, ce qui rentroit dans l'objet de la jurisprudence. Ils se piquoient d'ailleurs de donner des leçons de dialectique, & ils soutenoient volontiers des paradoxes: deux choses qui avoient leur prix, dans un siecle corrompu où l'on ne vouloit en général raisonner sur les loix, que pour les éluder. Par toutes ces considérations, les jurisconsultes devoient donner la préférence au Portique.

Le péripatétisme avoit peu de sectateurs.

C'est au siecle de Cicéron, que toutes les sectes se répandirent à l'envi parmi les Romains. Comme il y avoit alors des mœurs de toute espece, toute doctrine trouvoit des caractères faits pour l'adopter. La secte même d'Aristote se fit connoître. On venoit de déterrer les ouvrages de ce philosophe. Sylla les avoit apportés d'Athènes; & Andronicus de Rhodes, après les avoir mis en ordre, en avoit rétabli, comme il avoit pu, les manuscrits mutilés par le temps. Cicéron néanmoins remarque que le péripatétisme n'étoit connu que de quelques philosophes. En effet, cette philosophie, alors plus estimée qu'étudiée, n'eut gueres de réputation que par Cratippe qui l'enseignoit à Athènes, & qui jouissoit à Rome d'une grande considération. On le regardoit comme le premier philosophe de son siecle. Les meilleures familles lui envoyoient leurs enfants; & Cicéron, qui lui confia son fils, en fait de grands éloges. Cependant Aristote trouva plutôt parmi les Romains des protecteurs que des sectateurs. Sa maniere de raisonner, seche, obscure & difficile, ne pouvoit pas avoir beaucoup d'attraits pour des hommes, qui philosophoient plus par goût que par raison.

Lucullus contribue à faire connoître les opinions des philosophes.

Lucullus, d'abord questeur en Macédoine & ensuite chargé de la guerre contre Mithridate, fut à portée de connoître les Grecs & leurs ouvrages. Il saisit cette occasion avec une curiosité qui lui fit étudier tous les philosophes, & qui lui en rendit familières toutes les opinions. Le desir de s'instruire & la facilité que lui donnoit une grande mémoire, ne souffroient pas qu'il se bornât à une secte; & s'il donna la préférence à l'ancienne académie, ce fut peut-être l'effet de l'amitié qu'il conçut pour Antiochus Ascalonite, qui venoit de la renouveller.

Ce goût devint sa principale ressource, lorsqu'il eut pris le parti de vivre dans l'éloignement des affaires. Considéré par la gloire qu'il avoit acquise dans les armes, & peut-être plus encore par son luxe, il parut revêtir la philosophie de tous les dehors qui convenoient à son siecle. Il ne négligea rien pour la répandre. Il recueillit les meilleurs livres: il forma une bibliotheque, qu'il ouvrit à tous les curieux; sa maison devint l'asyle des savants; & les philosophes vinrent de toutes parts dans une grande ville, où ils trouvoient un protecteur tel que Lucullus. L'exemple de ce Romain fut contagieux. Le temps de sa retraite est l'époque où l'on commença d'agiter à Rome une multitude de questions, déja tant rebattues par les Grecs, & si inutilement.

Comment les Romains choisissent entre les sectes.

Alors on étudia toutes les sectes, avec beaucoup de curiosité, &, par conséquent, à la hâte. Peu d'esprits étoient capables d'examiner, & d'ailleurs les circonstances n'en laissoient pas le loisir. C'est parmi les premiers citoyens, que la philosophie trouva d'abord des disciples; & cela dans les temps les plus agités. C'est-à-dire, qu'elle devint l'étude de ceux qui avoient le moins de temps à lui donner. Tous étoient trop occupés, ou de leur fortune, ou de la république. Chacun prit donc une secte, & personne ne choisit.

Choix de Caton d'Utique.

Caton d'Utique fut stoïcien, parce qu'il étoit de mœurs rigides & séveres.

de Brutus,

Antiochus en renouvellant l'ancienne académie, avoit tenté de la concilier avec le stoïcisme. Cette secte réunissoit donc l'enthousiasme de Zénon à celui de Platon; & Brutus l'embrassa, comme plus conforme à son caractère.

de Cicéron.

De toutes les sectes aucune ne convenoit mieux aux orateurs que la nouvelle académie, qui enseignoit l'art de défendre toutes les opinions, & qui trouvoit dans les plus contraires une égale probabilité. Cicéron sentit de quel secours elle pouvoit être à l'éloquence; & il l'embrassa. Il est vrai qu'il ne négligea pas les autres : il en fit au contraire une grande étude. Mais ce ne fut pas avec cet esprit de critique, qui remonte aux principes, qui les apprécie,

& qui discerne le vrai du faux. Il passoit d'une école à l'autre, trouvant des probabilités partout, ne sachant à quoi se fixer, & se conduisant parmi les sectes, comme nous l'avons vu au milieu des factions qu'il mécontentoit tour-à-tour. Lorsqu'il se souvenoit qu'il étoit républicain, il avoit en horreur les jardins d'Epicure, qui enlevoient les citoyens aux affaires publiques. Il se plaisoit, au contraire, au Portique, où il trouvoit des principes relatifs au gouvernement, & une dialectique utile à l'éloquence. Il ne dédaignoit pas non plus le Lycée, lorsqu'il y pouvoit puiser de pareils secours. Mais Platon excitoit, sur-tout, son admiration, parce qu'il croyoit démêler de grandes vues dans un grand style, éloquent comme le sien. Aussi disoit-il souvent qu'il aimoit mieux se tromper avec ce philosophe, que de trouver la vérité avec les autres. Après avoir pris partout, Cicéron revenoit donc toujours à l'académie, comme plus analogue à son caractère & à sa profession. C'est avec cet esprit indécis, qu'il a exposé les opinions des philosophes. Les ouvrages qu'il a composés en ce genre, ont été faits dans l'intervalle, où il vécut éloigné des affaires, César s'étant rendu maître de la république.

Les Epicuriens, devenus odieux aux Grecs, le furent aussi dans les commencements aux Romains, qui ne les connurent d'abord que par

Quelque idée qu'on se fit d'Epicure, il

devoit avoir, pour partisans,

les calomnies des Stoïciens & des Académiciens. Cicéron les jugea dans cet esprit de prévention ; & sans chercher ce qu'ils entendoient par le mot de volupté, il supposa qu'ils professoient une débauche infâme. Il est vrai que des philosophes, ennemis de toute religion, & jaloux de vivre dans l'éloignement des affaires, pouvoient difficilement trouver des partisans à Rome, tant que l'esprit religieux & républicain s'y conserva. Mais ce n'étoit plus la même chose, lorsqu'il se fut fait une révolution dans la façon de penser. Alors quelque idée qu'on se fît d'Epicure, vraie ou fausse, il devoit, dans l'un & l'autre cas, avoir des sectateurs.

les citoyens qui vouloient vivre éloignés des affaires,

Ce sont les troubles de la Grece qui avoient fait chercher le bonheur dans la tranquillité d'une vie privée. A Rome, des désordres encore plus grands ne pouvoient manquer de produire le même effet. Il y eut donc des citoyens qui crurent voir dans Épicure le plus sage des philosophes ; & ils se réfugierent dans ses jardins, comme dans un asyle. Tel fut Atticus, en qui Cicéron avoit mis toute sa confiance.

les débauchés,

Dans un siecle corrompu, où l'on se croyoit philosophe, & dans lequel par conséquent on vouloit être vicieux par systême, Épicure calomnié devoit avoir pour sectateurs tous les débauchés, qui se piquoient d'avoir des connoissances, & de regarder toutes les opinions du peuple comme autant de préjugés. On conçoit donc que cette secte, qui déshonoroit Épicure en le prenant pour chef, acquéroit des partisans à mesure que la corruption croissoit.

& les ambitieux.

De quelque maniere qu'on pensât sur ce philosophe, les ambitieux trouvoient dans sa doctrine des principes qui leur étoient favorables. ils dépouilloient avec lui toute crainte: ils envisageoient la tranquillité comme un port où ils pourroient toujours se retirer; &, au pis-aller, ils regardoient la mort comme un dernier terme, après lequel il n'y avoit plus rien. Pour eux cesser de vivre, c'étoit cesser d'exister; & la mort n'étoit pas plus une peine qu'une récompense. César raisonnoit sur ce dernier principe, & parloit en Épicurien, lorsque, dans le sénat, il opina pour ne pas condamner à mort les complices de Catilina. Un pareil langage, dans une pareille assemblée, suppose qu'il s'étoit fait une révolution générale dans la façon de penser. Aussi Caton, tout sévere qu'il étoit, au lieu de paroître scandalisé, se contenta de dire, d'un ton ironique, que César avoit bien disserté sur la vie & sur la mort.

Il est vrai que ces discours sont de Salluste: mais cet historien étoit contemporain de Caton & de César; & on peut présumer qu'il les a fait parler l'un & l'autre dans leur caractère & dans l'esprit de leur siecle.

Lorsque la doctrine d'Epicure se répandoit il y avoit long-temps que les poëtes combattoient l'idolâtrie.

La doctrine d'Épicure se répandoit précisément sous le consulat de Cicéron : car Lucrece venoit de publier, peu d'années auparavant, le poëme dans lequel il l'enseignoit. Alors il y avoit déja plus d'un siecle, que l'idolâtrie devenoit l'objet d'un mépris qu'on ne cachoit plus. C'est ce qu'on voit dans des fragments d'Ennius, qui se moquoit ouvertement, des augures; & dans d'autres de Lucilius, qui tournoit en ridicule la multitude des dieux, & la simplicité des peuples qui les adoroient.

Pourquoi la poësie combattoit à Rome l'idolâtrie, qu'elle avoit enseignée aux Grecs.

Il paroît singulier qu'à Rome, la poësie, presque dès sa naissance, se soit élevée contre l'idolâtrie, qu'elle avoit elle-même enseignée aux Grecs. Mais la raison de cette différence est sensible.

Comme les premiers poëtes grecs vivoient dans des siecles où l'on croyoit toutes les fables, ils en écrivirent; & tant que le merveilleux leur assura des succès, ils en firent le principal ornement de leurs poëmes. Ennius, au contraire, qui vivoit dans des temps différents, apprit à douter, parce qu'il se forma dans la lecture des derniers écrivains de la Grece. Il étoit contemporain du premier Africain, qui l'honora de son amitié, & auquel on reprochoit son goût pour la littérature grecque. Lucilius qui fut l'ami du second Africain, se trouva dans des circonstances encore moins favorables à la crédulité superstitieuse des peuples : car lorsqu'il florissoit, il y avoit déja plusieurs années que Carnéade avoit laissé à Rome une doctrine prétendue philosophique, qui combattoit tout-à-la fois les opinions & les vérités.

Goût des poëtes pour la philosophie.

Or, les poëtes ont toujours été jaloux de se donner pour philosophes; & peut être qu'Homere & Hésiode n'ont écrit des fables, que parceque, de leur temps, les fables tenoient lieu de philosophie. Une révolution dans la philosophie en devoit donc amener une dans la poësie. Les poëtes ne pouvoient manquer d'entrer dans la nouvelle carriere qui s'ouvroit à eux; & ils douterent, parce que les philosophes doutoient.

Lorsqu'après la ruine de la république, la paix regna dans l'empire, les poëtes ne parurent plus philosophes que par amusement. Horace se fit épicurien, sans raisonner sur Épicure. Il se trouvoit une fortune médiocre: il ne demandoit, pour assurer son bonheur, que l'absence de toute inquiétude. Virgile chanta les bergers, les soins rustiques & Auguste dans un poëme qu'il fit pour le flatter. C'étoit le temps où l'on se croyoit heureux d'avoir un maître, & où, par conséquent, la flatterie & le plaisir devoient être les principaux objets de la poësie. Au reste, pour quelque secte que les poëtes se fussent déclarés, ils puisoient indifféremment dans chacune; lorsqu'ils y trouvoient des maximes ou des images convenables à leur sujet. Il ne faudroit pas chercher dans leurs ouvrages un même système toujours soutenu.

Avec combien peu de critique les Romains cultivoient la philosophie.

Par la maniere dont ce qu'on nommoit philosophie s'est répandu parmi les Romains, on voit que le choix d'une secte étoit déterminé d'avance par le caractère de celui qui l'adoptoit, par sa profession, & souvent par la seule autorité du premier maître qu'il avoit entendu. On ne savoit rien discuter, & on ne discuta rien. On supposa que les Grecs avoient tout trouvé, qu'il suffisoit de penser comme eux. On marcha donc aveuglément sur leurs traces; & la philosophie ne parut se montrer à Rome, que pour jeter, dans les opinions, le même désordre qui étoit dans le gouvernement.

Pourquoi la philosophie étoit une profession chez les Grecs,

Nous avons vu qu'en Grece la philosophie faisoit une profession, qui se distinguoit même par l'habillement. C'est que d'ordinaire les philosophes ne se mêloient pas du gouvernement des républiques; & que d'ailleurs, jaloux de la considération dont ils jouissoient, ils vouloient se faire reconnoître par leur conduite & par leur extérieur, autant que par leurs opinions.

& n'en étoit pas une chez les Romains.

Il n'en fut pas de même à Rome. Les citoyens, qui embrassoient une secte avoient chacun un état, auquel ils tenoient par ambition ou par amour pour la république. Ils pouvoient donc bien vouloir des opinions des philosophes; mais

mais ils ne vouloient pas de leur profeſſion. Ce changement eût été trop contraire aux mœurs. En effet, ils n'avoient pas beſoin, comme les Grecs, de ſe faire philoſophes pour avoir un état: il leur ſuffiſoit de choiſir la ſecte qu'ils jugeoient plus convenable à leur caractère & à leur poſition.

Les Romains n'ont pas ſeulement trouvé une erreur nouvelle.

Je me ſuis borné à faire voir comment les opinions philoſophiques ſe ſont introduites parmi les Romains; parce que c'eſt tout ce qu'on peut dire d'eux à ce ſujet. Bien loin de découvrir une vérité, ils n'ont pas ſeulement trouvé une erreur nouvelle.

LIVRE DOUZIEME.

CHAPITRE PREMIER.

Auguste.

Foiblesses d'Octavius.

OCTAVIUS a regné. Il falloit donc qu'il fût loué; & nous ignorerions ses vices, s'il eût été possible de les faire oublier. Cruel, perfide & lâche, il a eu encore les foiblesses & les superstitions des petites ames. Il craignoit si fort le tonnerre, que lorsqu'il prévoyoit un orage, il s'enfermoit promptement dans un lieu souterrain; & pour plus de précaution, il portoit toujours avec lui une peau de veau marin, qu'il regardoit comme un bon préservatif.

Si, lorsqu'il partoit pour un grand voyage, il tomboit quelques gouttes d'eau, il en auguroit bien : mais il s'attendoit à quelque malheur toutes les fois qu'on lui avoit donné le matin un soulier pour l'autre. Le danger qu'il courut* dans une sédition, lui rappella, qu'en s'habillant, il avoit chaussé le pied gauche avant le pied droit.

Les Romains regardoient comme malheureux les jours où la République avoit essuyé quelque grand revers. Octavius partageoit ces préjugés avec le peuple. Il écrivoit à Tibere, que pour éviter la malignité attachée à certains noms, il n'entamoit point d'affaires importantes le jour des Nones, & qu'il ne se mettoit jamais en chemin le lendemain des jours de foire.

Il regardoit, sur-tout, les songes, comme des avertissements qu'il ne faut pas négliger, & ce ne devoit pas être pour lui une petite occupation que d'interpréter tous les siens : car il lui étoit ordinaire d'en faire, & des plus effrayants. Il eût dormi d'un sommeil plus tranquille, s'il eût été moins foible & moins superstitieux.

Circonstances où il se trouve.

Tel étoit Octavius : peut être trouverons nous, dans sa foiblesse, la raison de la conduite qu'il tiendra. Nous voyons quelles étoient les circonstances où il se trouvoit.

On gémissoit au souvenir récent des maux qu'on avoit soufferts; & la seule crainte d'une guerre nouvelle achevoit d'étouffer tout amour de liberté. De tant de chefs qui avoient combattu, il ne restoit qu'Octavius. Les plus fiers républicains n'étoient plus. La multitude n'osoit remuer. La Noblesse se flattoit de s'élever, en se dévouant au vainqueur. Les riches ne vouloient pas hazarder ce qu'ils avoient acquis ou conservé. Les pauvres, qui depuis long-temps n'avoient plus de part à l'autorité, ne demandoient que du pain & des jeux; enfin les provinces jugeoient que la servitude de la capitale assuroit leur tranquillité : elles se flattoient au moins qu'un tyran auroit quelque interêt à les ménager. C'est ainsi que Rome succomboit : il ne restoit que l'espérance d'adoucir une ame féroce, qui, jusqu'alors s'étoit assouvie du sang des citoyens.

Fautes de César dans des circonstances bien différentes.

César, maître de la République, se trouvoit dans des circonstances bien différentes; s'il avoit vaincu ses ennemis, il ne les avoit pas exterminés : il leur avoit laissé & même donné des armes contre lui. Cependant jaloux de subjuguer jusqu'aux préjugés des Romains, il vouloit qu'en lui tout annonçât la puissance; & l'autorité sembloit disparoître à ses yeux, si elle se déguisoit aux yeux des autres. Voilà pourquoi il ambitionna le titre de roi. Il eut la politique la plus éclairés & la plus adroite, quand il eut besoin de parvenir; il ne garda plus de ménagements, quand une fois il fut parvenu; on lui attribue d'avoir dit : *La République n'est plus qu'un nom, & désormais il n'y aura d'autres loix que mes volontés.*

Octavius ne pouvoit pas faire de pareilles fautes.

Les fautes de César sont sensibles: Octavius n'en pouvoit pas faire de semblables, parce qu'il étoit superstitieux ; il le blâmoit d'avoir méprisé les prodiges, qui lui présageoient sa fin prochaine; parce qu'il étoit timide & lâche, il devoit le blâmer d'avoir affecté le despotisme.

Honneurs & puissance qu'on lui décerne.

Octavius étoit encore en Egypte, lorsqu'on lui décernoit à Rome tous les honneurs humains & divins ; & on se hâta d'ajouter aux honneurs les titres de la puissance. Dès le premier janvier, Sex. Apuleius, son Collegue dans le consulat & tous les sénateurs jurerent d'observer ses décrets. (*) Ils lui déférerent

(*) Pour juger de cet usage qui a commencé sous César, il faut remonter à l'origine des serments chez les Romains, & observer les changements que les circonstances y ont apportés.

Lorsqu'on enrôloit les citoyens, ils juroient que, ni dans le camp, ni dans l'espace de dix milles à la ronde, ils ne voleroient jamais par jour au de-là d'une piece d'argent ; & que s'il leur tomboit entre les mains quelque effet d'un plus grand prix, ils l'apporteroient fidelement au Général.

Lorsque les noms étoient inscrits, on fixoit le jour de l'assemblée générale. Tous s'y rendoient & faisoient un second serment, par lequel ils promettoient de se trouver au rendez-vous, s'ils n'étoient retenus par des empêchements que la loi avoit prévus ; de ne point quitter les drapeaux

le prénom d'empereur : ils l'inviterent à conserver le consulat autant qu'il seroit nécéssaire

---

sans congé ; & d'apporter dans le lieu marqué par le consul, tout le butin qu'ils auroient fait. On ajouroit cette derniere clause, parce que les soldats qui restoient à la garde du camp, devoient avoir part au butin.

Lors de la premiere retraite sur le mont sacré, les soldats crurent ne pas manquer à leurs engagements, parce qu'ils emporterent les drapeaux avec eux. C'est pourquoi on ajouta dans la suite au serment, qu'ils ne se retireroient jamais, sans en avoir eu la permission.

Quand ils étoient assemblés, & partagés en bande de dix & de cent, ceux qui formoient chaque bande se juroient volontairement les uns aux autres, de ne point prendre la fuite, & de ne point sortir de leur rang, sinon pour reprendre leur javelot, pour en aller chercher un autre, pour frapper l'ennemi, ou pour sauver un citoyen.

Voilà ce qui paroît s'être observé jusqu'à la seconde guerre punique. Mais quelques mois avant la bataille de Cannes, comme on croyoit ne pouvoir trop s'assurer du courage des troupes, les tribuns commencerent à faire prêter au nom du général, ce dernier serment que les soldats avoient coutume de se faire les uns aux autres.

Cependant lorsque les armées parurent oublier qu'elles étoient à la République, on sentit qu'on n'avoit pas encore pris assez de précaution ; & on fit entrer dans le serment, la promesse d'être fidele au sénat & au peuple.

La prestation du serment faisoit le soldat. On voulut même que ce fût une condition essentielle, sans laquelle il ne seroit pas permis de combattre, hors les cas d'extrême nécessité. Aussi les armées renouvelloient-elles le serment chaque année, lors même que le commandement étoit continué au même général. On jugeoit que le général recevant de nouveaux pouvoirs, les troupes devoient aussi contracter avec lui de nouveaux engagements. Tant que la république a subsisté, le serment ne s'éxigeoit que des citoyens auxquels la loi fai-

pour le bien de la république ; & ils lui offrirent la puissance tribunicienne à perpétuité.

Pourquoi on lui offre la puissance tribunicienne & non le tribunat.

On ne lui offroit pas le tribunat, parce que cette magistrature n'étoit pas compatible avec le consulat, & que d'ailleurs elle ne pouvoit pas être conférée à un patricien. On se bornoit donc à lui offrir la puissance tribunicienne, & on ne croyoit pas violer les loix : comme s'il n'y avoit eu d'incompatible que les noms de consul & de tribun ; & que jusqu'alors, en séparant ces deux magistratures, on n'eût pas voulu partager l'autorité.

Circonspection avec laquelle il accepte les

Il ne paroît pas qu'Octavius ait alors accepté la puissance tribunicienne. Il ne l'accepta du moins que pour un temps limité, car on

soit une obligation de s'enrôler. Le sénat & le peuple en corps n'en prêtoient point ; car c'eût été jurer de se défendre soi-même, ce qui étoit superflu. Il n'en fut pas de même sous les empereurs. Alors ce fut au peuple entier à prêter serment au maître qui le gouvernoit. Tous les ordres jurerent de servir de gardes à Jules César, & de poursuivre à outrance quiconque attenteroit à ses jours. Telle est l'origine du serment que les magistrats, le sénat & le peuple ont dans la suite prêté aux empereurs.

Mais il faut observer que dans les temps de la république, on ne juroit que *in verba*, ou *in nomen* ; ce qui signifioit qu'on promettoit d'obéir à tous les ordres du général. Sous les empereurs, on jura *in acta Imperatoris*. Or, ce second serment ne regardoit pas seulement ce que les Empereurs ordonnoient, comme généralissimes, il comprenoit encore ce qu'ils ordonnoient en vertu des autres pouvoirs, dont ils jouissoient à différents titres. Jurer en leurs actes, signifioit jurer d'observer toutes leurs ordonnances.

titres qu'on lui offre.

la lui donna quelques années après. Autant il desiroit d'être le maître de l'empire, autant il craignoit de le paroître; & il se proposoit de n'accepter qu'avec beaucoup de circonspection, tous les titres qui lui seroient prodigués.

Temples qui lui sont consacrés.

Il y avoit long-temps que les provinces élevoient des temples à la ville de Rome, & souvent elles en élevoient à de simples proconsuls. Octavius ne voulut point en avoir à Rome. Il permit, seulement, de lui en consacrer dans les provinces; & il ordonna que la ville de Rome fût honorée sur les même autels, & qu'elle partageât toujours avec lui le culte qui lui seroit rendu. Par cette conduite il n'acceptoit que des honneurs qui avoient été décernés à d'autres: il ne les réservoit pas même pour lui seul, & il en excitoit moins l'envie.

On le regarde comme un libérateur parce qu'il a fermé le temple de Janus.

Le temple de Janus fut fermé; on jouit donc de la paix, & on en jouit avec une sorte de délire. On oublia les cruautés du triumvir. On ne vit en lui qu'un libérateur, on voulut croire qu'il avoit moins pris les armes contre la république, que contre ses propres ennemis. On se flatta qu'il rétabliroit l'ancien gouvernement; peut-être même se croyoit-on libre, parcequ'on n'avoit plus à combattre pour la liberté.

Comment il cherche la

Cet enthousiasme écartoit, au moins pour un temps, les dangers auxquels l'ambition exposoit Octavius. Il en profita pour intéresser de plus en plus le peuple à son administration; il fit des largesses : il donna des spectacles : il répandit l'abondance : il affecta, sur-tout, beaucoup de déférence pour le sénat : il respecta les anciens usages : il rétablit les comices interrompus depuis plusieurs années : il voulut que le peuple élût ses magistrats : il n'opina jamais que dans sa tribu, comme un simple citoyen : s'il présentoit des candidats, il demandoit qu'on n'eût égard à sa recommandation, qu'autant qu'on les jugeoit dignes des magistratures. Le peuple croyoit donc se gouverner ; à la verité, les plus clairvoyants n'y étoient pas trompés : mais ils préféroient l'illusion à la liberté, qu'on ne connoissoit depuis long-temps que par des abus. De tous ceux qui vivoient alors, aucun n'avoit vu la république, & tous avoient gémi sous l'anarchie.

bienveillance du peuple.

Dès la premiere année, Octavius délibéra avec Agrippa & Mécènas, s'il se démettroit de l'empire ; ce n'étoit qu'un jeu. Il eût abdiqué, s'il l'eût voulu sérieusement : il vouloit, seulement, qu'on sût qu'il en avoit délibéré. Toute sa conduite, depuis le jour qu'il partit d'Apollonie pour venir à Rome, démontre qu'il n'avoit eu d'autre ambition que de succéder à la puissance de César. Mais il falloit laisser au peuple l'espérance

Il feint de vouloir se démettre de l'empire.

de voir rétablir le gouvernement républicain ; ce sont ces petites ruses qui ont fait mettre Octavius au rang des plus grands politiques.

Abus qui s'étoient introduits depuis qu'on avoit cessé de faire le cens.

Il y avoit près d'un demi-siécle que la censure paroissoit supprimée : elle étoit au moins sans fonctions. On ignoroit le nombre des citoyens. On ne savoit pas quels étoient les revenus publics : tous les ordres se confondoient : & le sénat, où l'on comptoit plus de mille sénateurs, renfermoit une multitude de sujets indignes, qui y étoient entrés par brigues.

On donne à Octavius les pouvoirs de censeur.

Octavius auroit pu prendre sur lui de corriger ces abus ; pour y être autorisé, il demanda les pouvoirs de censeur, & il les obtint ; il ne fut pas question du titre, parce qu'on raisonnoit sur la censure, comme on avoit fait sur le tribunat.

Comment il les exerce.

Pendant quinze mois que dura cette censure, Octavius fit dans le sénat, dans les finances & dans toutes les parties du gouvernement, les changements propres à détruire les abus qui étoient contraires à la tranquillité publique & au despotisme du souverain ; il n'auroit pas pu rétablir l'ordre, tel qu'il avoit été dans les beaux temps de la république, & il ne l'auroit pas voulu ; car Rome n'avoit pas en lui un censeur républicain : elle avoit un maître qui exerçoit la censure. Octavius vouloit, seulement, ne pas paroître usurper la puissance illimitée, qu'on lui abandonnoit, parce qu'on ne pouvoit pas la lui refuser. Aussi, usa-t il peu de violence. Aulieu de chasser tous les sénateurs, qu'il vouloit exclure, il en détermina plusieurs à se retirer d'eux mêmes, & il leur laissa quelques marques honorifiques. Quant à ceux qui méritoient d'être conservés, si quelques uns n'avoient pas assez de fortune, il y suppléoit.

Ses craintes pendant sa censure.

Il n'étoit pas néanmoins sans inquiétude; dans ce temps là même, les sénateurs n'étoient admis à son audience, qu'un à un, & après avoir été fouillés. Lorsqu'il venoit au sénat, il avoit une cuirasse sous sa robe, il portoit un poignard à sa ceinture, & il se faisoit entourer de dix sénateurs des plus braves & des plus attachés à sa fortune.

Agrippa son collegue dans la censure, le nomme prince du sénat.

Agrippa qu'il avoit pris pour collegue à la censure, le nomma prince du sénat; il est au moins vraisemblable qu'il ne s'arrogea pas de lui-même cette premiere place. Comme c'est sous le nom de prince qu'Octavius exercera la souveraineté, c'est ici le lieu d'observer les prérogatives qu'on attachoit à ce titre.

Prérogatives de ce titre.

Primus & *Princeps* sont deux mots synonymes. Le premier désigne proprement une primauté d'ordre, de nombre, ou de temps: le ſecond emporte de plus une idée d'excellence; des vertus peu communes, un mérite diſtingué. On nommoit en général *principes ſenatûs*, les ſénateurs les plus accrédités; & *principes juventutis*, les citoyens les plus illuſtres; mais le titre de *principes ſénatûs* appartenoit particuliérement au ſénateur, que les cenſeurs inſcrivoient le premier ſur la liſte du ſénat, comme le titre de *princeps équeſtris ordinis* ou de *princeps juventutis* étoit à celui qu'ils inſcrivoient le premier ſur la liſte des chevaliers.

Avant la ſeconde guerre punique, le titre de prince du ſénat ſe donnoit toujours au plus ancien de ceux qui avoient exercé la cenſure. Mais l'an de Rome 544. Cornelius Céthégus, à qui le ſort avoit donné le droit de faire la liſte des ſénateurs, crut devoir déroger à l'uſage en faveur de Fabius Maximus, qu'il regardoit comme le premier des Romains; depuis ce temps les cenſeurs, ſans égard pour l'ancienneté, inſcrivoient, à la tête de la liſte, le ſénateur qu'ils jugeoient le plus digne d'y être.

Cette primauté n'étoit pas une magiſtrature, &, par conſéquent, elle ne donnoit point d'autorité. Cependant le Prince du ſénat ne pouvoit manquer d'avoir beaucoup d'influence dans toutes les délibérations. Chef d'une compagnie qui le reſpectoit, il devoit acquérir d'autant plus de crédit, que sa place lui étoit en quelque sorte assurée pour la vie.

Il partageoit, avec les consuls assignés, la prérogative d'opiner le premier. D'où nous pouvons conjecturer qu'il en jouissoit seul jusqu'aux comices consulaires, c'est-à-dire, pendant les six premiers mois de l'année, ou plus long-temps, si l'élection des consuls étoit retardée.

Or, nous jugerons que cette prérogative entraîne naturellement les suffrages, si nous considérons que celui qui en jouit, est un homme respecté; que sera-ce, s'il est craint, & si chaque sénateur attend de lui sa fortune?

Comme prince du sénat, Octavius gouverne avec plus de sécurité.

Devenu prince du sénat, Octavius paroissoit n'agir desormais, qu'au nom du premier ordre de la république. Sa jouissance en étoit donc moins odieuse, & il en pouvoit jouir avec plus de sécurité.

Il déclare au sénat qu'il se dépouille de tous ses titres.

Av. J. C. 27 de Rome 727.

Cependant au commencement de son septieme consulat, il vint au sénat pour déclarer qu'il se dépouilloit de tous ses titres, & qu'il rentroit dans la vie privée. *Je vous rends*, dit-il, *les armées, les provinces, non-seulement, celles qui appartenoient à la république avant mon administration, mais encore celles que j'ai conquises,*

Effet que produit cette proposition.

Cette proposition sur laquelle ses confidents étoient seuls prévenus, fit, sans doute, des impressions bien différentes. Etoit-ce artifice ou sincérité ? dans le cas où l'offre seroit sincere, l'abdication étoit-elle à désirer ou à craindre ? soit intèret public, soit intèret particulier, chacun en jugeoit suivant ses lumieres ou ses passions, ou plutôt on ne se donna par le temps de démêler les sentiments confus qu'on éprouvoit : il y auroit eu du danger à balancer ; on se hâta donc de s'écrier qu'Octavius étoit plus nécéssaire que jamais, & que la république étoit perdue, s'il cessoit de la gouverner.

Il accepte l'empire pour un temps limité, & veut que le sénat & le peuple gouvernent une partie des provinces.

Octavius se rendit ; mais pour flatter ses ennemis de l'espérance de le voir rentrer dans la vie privée, il affecta de ne soupirer qu'après le repos. *Je n'accepte l'empire*, dit-il, *que pour dix ans, ou pour moins encore, si la tranquillité rétablie, par-tout, me permet de me retirer.* Il ne voulut pas même se charger seul d'un fardeau si pesant ; il exigea que le peuple & le sénat gouverneroient une partie des provinces ; se réservant, seulement, malgré son goût pour le repos, celles où les légions étoient, parce que, disoit-il, elles étoient exposées à plus de troubles ; mais dans le vrai parce que les légions y étoient.

Partage qu'il fait des provinces.

Le partage du sénat & du peuple fut l'Afrique, la Numidie, la Libye cyrénaïque, la

Bithynie, le Pont, la Grece, l'Epire, l'Illyrie, la Dalmatie, la Macedoine, les îles de Crête, de Sicile, de Sardaigne, & la partie de l'Espagne nommée Betique. Celui d'Octavius comprenoit le reste de l'Espagne, les Gaules, la Germanie, la Syrie, la Phenicie, l'île de Chipre, l'Egypte & tous les pays gouvernés par des rois soumis aux Romains. Ce partage, au reste, souffrit dans la suite quelques changements; & je ne le mets sous vos yeux, que pour vous montrer toute l'étendue de l'empire. Il est à propos de remarquer, qu'Octavius ne donna aux gouverneurs de ses provinces, que le titre de propréteur; & qu'au contraire, il donna, par distinction, celui de proconsul aux gouverneurs des provinces du sénat.

On lui donne le nom d'Auguste.

Puisqu'il avoit exterminé tous ses ennemis, aucun parti ne pouvoit prendre les armes contre lui. Après tant de guerres, la paix s'établissoit donc d'elle même nécessairement: mais la flatterie affectoit de dire qu'elle étoit l'ouvrage d'Octavius. On le regardoit, en conséquence, comme un second fondateur de Rome; & on lui eût donné le nom de Romulus, s'il n'eût pas craint, en l'acceptant, de paroître aspirer trop ouvertement à la tyrannie. On lui donna celui d'Auguste, nom qui jusqu'alors n'avoit été donné qu'aux temples consacrés par les augures. Quelque temps après, il fut déclaré pere de la patrie.

Il se démet du consulat. Pourquoi ?

Consul d'année en année, Auguste, c'est ainsi que je le nommerai désormais, jugea, sans doute, qu'un consulat non interrompu ressembloit trop à la dictature devenue odieuse. C'est pourquoi, au lieu d'en accepter un douzieme, il se démit du onzieme, qu'il affecta de faire tomber à L. Sextius, partisan déclaré de Brutus.

Av. J. C. 23 de Rome 731.

Conduite d'Auguste dans une maladie.

Il sortoit alors d'une maladie mortelle, pendant laquelle il parut reconnoître que le sénat avoit la principale part à la souveraineté. Car, au lieu de prendre des mesures pour assurer sa puissance à Marcellus son neveu & son gendre (*), il avoit mis entre les mains du consul Pison, en présence des principaux magistrats, le régistre des forces & des revenus de l'empire, pour le remettre au sénat. On lui sut gré encore, en cette occasion, d'avoir donné son anneau à M. Agrippa, plutôt qu'à son gendre; & d'avoir par-là désigné ce capitaine, généralement estimé, comme digne d'être le chef de la République, si on jugeoit convenable qu'elle en eût un.

(*) Il étoit fils d'Octavie, & il avoit épousé Julie, fille d'Auguste & de Scribonia.

Il devient l'objet de la reconnoissance publique.

Auguste étoit devenu par cette conduite l'objet de la reconnoissance publique ; on le conjura de céder aux ordres du peuple & à l'autorité du sénat ; c'est ainsi que parloit la flatterie, & on lui fit accepter la puissance tribunicienne pour toute sa vie, le privilége de proposer une affaire dans chaque assemblée du sénat & le pouvoir proconsulaire à perpétuité : on ajouta même, que, lorsqu'il seroit dans les provinces du ressort du sénat, il auroit une autorité supérieure à celle des proconsuls.

Pouvoirs qu'on lui donne.

Autorité qui émanoit de ces pouvoirs.

La permission de mettre une affaire en délibération dans chaque séance du sénat, n'étoit qu'une partie du droit illimité des consuls. Le pouvoir proconsulaire ne donnoit de jurisdiction que dans les provinces. Auguste pouvoit l'exercer de Rome même, mais non pas sur Rome, car les proconsuls n'eurent jamais d'autorité dans la capitale ; il ne conservoit donc plus sur cette ville d'autres pouvoirs que ceux qu'il tenoit de la puissance tribunicienne.

Il exerce la puissance tribunicienne dans tout l'empire.

Mais si des tribuns annuels ont commandé dans Rome, que ne pourra pas un tribun perpétuel qui dispose des légions ? On conçoit que, sans user de violence, Auguste trouvera des conjonctures favorables pour étendre les prérogatives de la puissance tribunicienne. En effet, on lui avoit accordé de l'exercer jusqu'à un mille au de-là de Rome, & il l'exerça bientôt dans toutes les provinces. C'est qu'en l'exerçant, il ne paroissoit que le protecteur du peuple.

Pourquoi il en prend possession tous les ans.

Il sembloit néanmoins vouloir cacher l'autorité qu'il s'arrogeoit. Quoiqu'il eût à vie la puissance tribunicienne, il auroit voulu la faire paroître annuelle, & il en prenoit possession tous les ans.

Comment il devient juge souverain dans le civil & dans le criminel.

En vertu de cette puissance, il devint juge souverain dans le civil comme dans le criminel; pouvoir dont aucun magistrat n'avoit encore joui, & qui tendoit à rendre arbitraire l'administration de la justice.

Aujourd'hui, lorsqu'on a été mal jugé, on appelle d'un juge inférieur, à un juge supérieur. A Rome, appeller, c'étoit avoir recours à une protection supérieure, soit avant, soit après le jugement. En matiere civile, les appels étoient même fort rares. On appelloit quelquefois d'un préteur à son collegue, & jamais aux tribuns. Aussi ces magistrats ne prenoient-ils pas sur eux de réformer les jugements, portés dans les tribunaux. Ils ne jugeoient même que de quelques affaires de police, ainsi que les édiles plebéiens, qui leur étoient subordonnés.

En matiere criminelle, la loi Valeria leur donnoit une espece de jurisdiction. Cependant ce n'étoit pas à eux qu'on appelloit, c'étoit au peuple. Ils convoquoient les comices, ils y portoient l'appel, ils avoient une grande influence dans les jugements : mais ils ne jugeoient pas eux mêmes.

Sous Auguste, les tribunaux subsisterent. Cependant il fut permis d'appeller à lui, soit avant, soit après le jugement. On y appella, & c'est ainsi qu'il devint insensiblement seul juge suprême dans le civil, comme dans le criminel.

Comment il cache cette usurpation.

Pour cacher cette usurpation, il se fit une regle de juger les affaires principales avec le sénat ; ou, quand il ne le pouvoit pas, avec un conseil privé qui représentoit ce corps. Ce conseil qui l'accompagnoit hors de Rome, & qui le suivoit même à l'armée, étoit composé des deux consuls, d'un magistrat de chaque espece, & de quinze sénateurs tirés au sort.

Comment les tribunaux ne paroîtront juger qu'en vertu de l'autorité qui leur sera confiée par les empereurs.

Quant aux appels sur les affaires moins importantes, il renvoyoit ceux de la ville au préfet de Rome, magistrat qu'il avoit créé lui-même pour le maintien de la police ; & il déléguoit dans les provinces, des hommes consulaires qui prenoient connoissance de tous les autres. Par cette administration, Auguste parut l'unique source d'une puissance qu'il usurpoit. On jugea bientôt qu'elle émanoit de lui seul. Aussi le temps viendra, où les tribunaux croiront ne juger qu'en vertu de l'autorité qui leur sera confiée par les empereurs.

Seul juge suprême, Auguste avoit encore le droit de faire grace aux coupables, dans quelque tribunal qu'ils eussent été condamnés, droit qui le mettoit, à cet égard, au dessus des loix & dont aucun magistrat n'avoit joui.

Pourquoi Auguste affectoit de ne point commander dans Rome.

Maître des armées & juge souverain, Auguste pouvoit commander dans Rome: mais il s'étoit fait une loi de n'exercer la puissance, qu'autant qu'il y seroit autorisé par les magistratures qu'on lui auroit conférées. Or, il n'étoit pas consul; & il paroissoit si éloigné de s'en arroger les pouvoirs, que le peuple se reprochoit de l'avoir laissé rentrer dans la vie privée.

Il refuse la Dictature, qui lui est offerte.

Il survint une famine & une peste; le Tibre se déborda, le tonnerre tomba sur le Panthéon. A ces fléaux on jugea que les dieux punissoient Rome d'avoir souffert qu'Auguste cessât de la gouverner. Le peuple le demande pour dictateur: il force le sénat d'en porter le décret: il court au Palais avec vingt-quatre licteurs, & il presse l'empereur d'accepter la dictature. Auguste qui connoît l'inconstance du peuple, se jette à genoux. Il se découvre la poitrine, & il proteste qu'il recevra plutôt le coup de la mort. Il consent seulement & comme malgré lui, à se charger de l'intendance des vivres, telle que l'avoit eue Pompée.

Il passe en Sicile. Il refuse le consulat.

Av. J. C. 22 de Rome 732.

Troubles. Agrippa est envoyé pour les dissiper.

Auguste le prend pour gendre.

Cette même année, les comices consulaires s'étant tenus, lorsque l'empereur venoit de passer en Sicile, le peuple lui réserva l'un des deux consulats. Auguste refusa, & son refus occasionna des troubles. Deux candidats qui se mirent sur les rangs, causerent des séditions, & l'impunité multiplia les désordres. Agrippa fut envoyé pour rétablir le calme ; mais Auguste, qui craignoit de paroître usurper sur le consulat, ne lui avoit pas donné des pouvoirs assez étendus. Ce fut dans cette circonstance qu'il le prit pour gendre. Il vouloit, peut-être, par ce choix, faire respecter l'autorité qu'il lui confioit. Agrippa répudia Marcella niece d'Auguste, & épousa Julie veuve de Marcellus.

Il passe en Asie où il régle tout en souverain.

Av. J. C. 20 de Rome 734.

De Sicile, l'empereur passa en Grece & de là en Asie. Nous avons vu que la puissance proconsulaire, qui lui avoit été accordée, lui subordonnoit les proconsuls. En conséquence, il régla tout en souverain dans les provinces du sénat, comme dans les siennes. Il disposa de plusieurs royaumes, dont les rois, sous le titre d'amis de la république, n'étoient que des esclaves couronnés. Il menaça Phraate, roi des Parthes, & ce prince lui renvoya les enseignes prises sur Crassus & sur Antoine : il lui donna même ses propres fils pour ôtages de la paix.

Foiblesse du roi des Parthes. Elle fit la grandeur d'Auguste.

La flatterie célébra cet événement. Mais les Parthes tomboient en décadence, depuis qu'ils avoient été défaits par Ventidius. Leurs provinces étoient déchirées par les partis qui divisoient l'empire; & Phraate, naturellement cruel & timide, avoit éprouvé plusieurs révolutions. Dans de pareilles circonstances, il craignoit une guerre étrangere; & ce fut sa foiblesse, qui fit toute la grandeur d'Auguste.

Anarchie entretenue dans Rome par la politique d'Auguste.

Cependant les troubles croissoient à Rome, & Auguste ne paroissoit pas s'en occuper. Comme il persistoit à refuser le Consulat, il n'avoit point de titre pour commander dans la capitale ; & il se bornoit à veiller sur les provinces, où il maintenoit l'ordre & la paix.

Tous les gens, remarque M. de *Montesquieu*, *qui ont eu des projets ambitieux*, *avoient travaillé à mettre une espece d'anarchie dans la république. Pompée*, *Crassus & César y reussirent à merveille.* (*). Auguste se condui-

(*) Grand. Décad. des Romains. C. 13.

soit sur ce plan. Ce n'est pas qu'il voulût forcer le peuple à lui donner à Rome tous les attributs sensibles de la souveraineté : car tout ce qu'il craignoit, c'étoit de paroître souverain; il desiroit donc qu'on ajoutât la puissance consulaire à tous les titres qu'il avoit obtenus. S'il étoit une fois revêtu de cette puissance, il avoit alors dans Rome même une autorité supérieure à celle des consuls; & cependant il pouvoit laisser subsister le simulacre de la république.

Alors C. Sentius Saturninus, unique consul, gouvernoit en magistrat qui ne connoissoit point de supérieurs, & montroit une vigueur, digne des premiers temps de la république. Les désordres cependant vinrent au point, que le sénat donna le décret, qui autorisoit le Consul à prendre les armes. Mais Saturninus n'accepta pas une commission qui paroissoit empiéter sur les droits du général, & il fallut députer à Auguste.

Av. J. C. 19. de Rome 735.

Auguste qui vouloit dégoûter le peuple de se gouverner uniquement par les consuls, ne hâtoit pas son retour. Il donnoit audience à des ambassadeurs : il s'occupoit des raretés qui lui venoient des Indes : & il s'arrêtoit à Athènes, pour donner le temps à un gymnosophiste de se précipiter devant lui dans les flammes, curieux d'avoir ce trait de commun avec Alexandre. Il ne revint à Rome,

A son retour à Rome, il obtient la puissance consulaire, le droit de faire des loix & la censure.

Av. J. C. 19 de Rome 735.

que lorsqu'il sut qu'on étoit disposé à lui donner la puissance consulaire. En effet, il l'obtint; & on lui donna encore le droit de faire des loix, & la censure pour cinq ans, sous le titre de préfet des mœurs.

Il réunissoit alors tous les pouvoirs de la souveraineté. Sa conduite circonspecte.

Il réunissoit alors en sa puissance tous les pouvoirs, auparavant séparés, & il étoit proprement seul & unique magistrat. Il affecta néanmoins de ne disposer de rien par lui-même. C'est pourquoi il demanda les honneurs de la préture pour Tibere, qui venoit de mettre Tigrane sur le trône d'Armenie; & pour Drusus, une dispense qui lui permît d'exercer les magistratures, cinq ans avant l'âge prescrit par les loix. L'un & l'autre étoient fils de Livie.

Attentif à cacher sa puissance, il cherchoit à la rendre en quelque sorte invisible. Il écarta les licteurs. Il ne prit le prénom d'empereur qu'avec les soldats; & dans tous les réglements qu'il fit pour la capitale, il ne s'attribua jamais d'autre titre que celui de prince du sénat. Mais comme, enfin sous ce titre, il exerçoit tous les pouvoirs, on se fit bientôt une habitude d'attacher au nom de prince, toutes les prérogatives de la souveraineté. C'est ce qu'on remarque sous Tibere qui lui succéda.

Il laissa subsister la république, quant à la forme extérieure. L'élection des magistrats continua de se faire dans les comices. Deux consuls parurent encore gouverner l'empire. La république conserva ses tribuns, ses édiles, ses questeurs & ses préteurs. Auguste affecta même toujours de montrer beaucoup de respect pour les anciennes magistratures. Il refusoit le consulat avec un air de modestie & de reconnoissance, propre à faire croire qu'il l'estimoit au dessus de tout; & afin de mieux convaincre du cas qu'il en paroissoit faire, il en demanda un douzieme & un treizieme, pour donner avec plus de solemnité la robe virile à ses deux petits fils, Caïus & Lucius, fils d'Agrippa & de Julie. Il ne lui manquoit plus que le souverain pontificat: il en fut revêtu après les mort de Lepidus (*).

La puissance avoit passé du peuple au Prince. Vérité qui sera bientôt oubliée.

Dans l'accroissement de l'autorité d'Auguste, on voit sensiblement que la puissance passe du peuple au prince. Il viendra un temps où les empereurs chercheront à se dissimuler cette verité. Ils l'oublieront enfin tout à fait, & on l'oubliera avec eux.

Agrippa associé à une partie de la puiss.

Lorsqu'Auguste achevoit de recevoir toutes les prérogatives de la souveraineté, Agrippa soumettoit l'Espagne, où depuis environ deux

(*) Je viens d'exposer la politique d'Auguste d'après une dissertation de Mr. l'Abbé de la Bleterie. Mémoires de l'Acad. des Inscrip. & belles lettres.

sance d'Auguste.

Av. J. C. 19 de Rome 735.

siecles, les Romains avoient presque toujours eu la guerre. L'empereur voulut alors associer ce capitaine à une partie de sa puissance. Dans cette vue, il le demanda pour collegue à la censure, & il lui fit donner le tribunat pour cinq ans. Par là il veilloit à sa propre sureté; car il trouvoit dans Agrippa un citoyen assez puissant pour le venger, & qui partageant en quelque sorte l'empire avec lui, ôtoit à tout autre l'esperance d'y parvenir.

Censure d'Auguste & d'Agrippa.

Av. J. C. 18 de Rome 736.

Les deux censeurs travaillerent ensemble à réprimer les abus; ils firent des réformes dans le sénat & dans l'ordre des chevaliers: ils réprimerent les brigues qui troubloient les comices, & ils porterent leur attention jusques sur les spectacles.

Loix contre les célibataires.

Ils firent des loix contre les célibataires. Elles offroient des récompenses à ceux qui auroient un certain nombre d'enfants, & elles punissoient de l'amende ceux qui ne seroient pas mariés dans l'âge prescrit. Mais pour donner plus de force à ces réglements, il eût été nécessaire d'apporter des remedes aux désordres des personnes mariées, dont les débauches entretenoient la corruption de la jeunesse. De pareilles loix sont sans effet dans un siecle où il n'y a point de mœurs; & Auguste contribuoit à les rendre inutiles, parce qu'il étoit vicieux lui-même.

Les affranchissements devenoient tous les jours plus communs; si quelques citoyens avoient la générosité de vouloir récompenser des esclaves fideles, le plus grand nombre se conduisoit par d'autres motifs. Les uns par avarice, vouloient recevoir au nom de leurs affranchis, le bléd que la république distribuoit aux pauvres ; les autres, par ostentation, ambitionnoient d'avoir à leur pompe funebre beaucoup de gens en chapeaux de fleurs. Les censeurs porterent des loix contre cet abus, qui multiplioit une populace pauvre, oisive & séditieuse, & Auguste prit lui-même pour maxime de n'accorder que rarement les droits de cité.

Loix sur les affranchissements.

L'année suivante fut le terme qu'Auguste avoit marqué lui-même à son administration. Il se démit donc : mais il se rendit encore aux ordres du peuple, & il reprit le gouvernement pour cinq ans. Dans la suite, la même scene se répéta, de sorte que se chargeant de la république, tantôt pour cinq ans, tantôt pour dix, il se succéda cinq fois.

Il se démet de l'autorité pour la reprendre.

Av. J.C. 18 de Rome 737.

Combien de fois il l'a reprise.

Cette même année, il célébra les jeux séculaires avec beaucoup de magnificence. Ayant pour les spectacles un goût où la politique pouvoit entrer pour quelque chose, il ne laissoit pas échapper l'occasion d'en donner au peuple. A la fin des jeux, il adopta Caïus

Jeux séculaires.

& Lucius, voulant donner un nouvel appui à son autorité. Ils prirent à cette occasion le nom de *César*.

Guerres.

Plusieurs guerres s'éleverent. Auguste partit pour les Gaules, où les Germains avoient fait une irruption. Drusus défit les Rhétiens: Tibere acheva de les subjuguer, & Agrippa rendit la paix à l'Asie.

Epoque où les généraux cessent d'adresser leurs lettres au sénat, & d'obtenir les honneurs du triomphe.

Ce capitaine, au lieu de rendre compte au sénat suivant l'usage, n'écrivit qu'à l'empereur; & il refusa le triomphe, qui lui fut offert. Son exemple devint une regle pour les autres généraux. Ils cesserent d'adresser leurs lettres au sénat: le triomphe devint un privilege des empereurs & des princes de leur maison; & on n'accorda plus aux généraux victorieux que les ornements du triomphe, c'est-à-dire, la robe triomphale, qu'ils pouvoient porter dans certaines cérémonies, une statue qui les représentoit couronnés de lauriers, & quelques autres prérogatives moins connues.

Mort d'Agrippa. Tibere devient gendre d'Auguste.

Av. J. C. 12 de Rome 742.

Sur ces entrefaites, Agrippa étant mort, Tibere épousa Julie, & devint gendre d'Auguste. L'empire avoit alors la guerre avec les Pannoniens, les Daces, les Dalmates, les Sicambres & les Cattes. Tibere & Drusus commanderent les armées avec de grands succès: mais Drusus mourut en Germanie, son regretté des Romains qui l'estimoient, & qui le croyoient capable de rétablir la république. Il laissoit trois enfants de sa femme Antonia, Germanicus, Claude qui fut empereur & une fille qu'épousa Caïus César.

Mort de Drusus.

Av. J. C. 9 de Rome 745.

Jusqu'alors on n'avoit jamais admis en justice la déposition des esclaves contre leurs maîtres. Auguste qui avoit étouffé plusieurs conjurations, & qui en craignoit de nouvelles, porta une loi par laquelle il statuoit que, lorsqu'un citoyen seroit accusé d'avoir conspiré, on vendroit ses esclaves au public, afin que n'appartenant plus à leur premier maître, leur témoignage pût être reçu. Ce réglement rendoit odieux le législateur qui se jouoit des loix: mais l'empereur trouva le moyen de distraire le peuple par des spectacles, & de se l'attacher en paroissant tous les jours plus populaire.

Reglemens odieux.

Vers ce temps, Auguste fit donner à Tibere la puissance tribunicienne pour cinq ans; soit qu'il crût trouver en lui le même appui, que dans Agrippa; soit qu'il voulût réprimer l'ambition de ses deux petits fils; soit enfin qu'il eût la foiblesse de céder aux sollicitations de Livie. Il paroît au moins qu'il avoit peu de goût pour son gendre.

Tibere obtient la puissance tribunicienne.

Av. J. C. 6 de Rome 748.

Tibere voyoit lui même son élévation avec une sorte de crainte, parce qu'elle le mettoit

Il se retire à Rhodes.

en concurrence avec les petits fils de l'empereur. C'est pourquoi il prit tout à coup le parti de se retirer à Rhodes, malgré les instances de sa mere pour le retenir, & malgré les plaintes de son beau-pere, qui lui reprochoit de l'abandonner.

Il y vit dans la disgrace.

Lorsque le temps de sa puissance tribunicienne fut expiré, & que, devenu simple particulier, il ne pouvoit plus être un obstacle à l'ambition des deux jeunes Césars qui occupoient alors la seconde place, il demanda la permission de revenir à Rome; mais on la lui refusa: on lui dit même de n'y plus penser. Il resta donc à Rhodes, où il vécut encore deux ans, comme un homme suspect, disgracié, exilé, exposé, par conséquent, au mépris & aux injures de ses ennemis. On ne lui permit de revenir qu'après huit ans d'absence; & ce fut à condition qu'il ne prendroit aucune part au gouvernement. L'année même de son retour, Lucius César mourut à Marseille, & cette mort fut suivie, dix huit mois après de celle de Caïus qui étoit en Orient. Livie fut soupçonnée de les avoir fait empoisonner l'un & l'autre.

Conditions de son retour.

Dep. J. C. 3

Auguste adopte Tibere & Agrippa Posthumus.

Auguste avoit perdu successivement Marcellus, Agrippa, Lucius & Caïus. Il chercha un appui dans Tibere & dans le jeune Agrippa, surnommé Posthumus, parce que Julie l'avoit mis au monde après la mort d'Agrippa. Il les adopta l'un & l'autre : & quoique Tibere eût un fils, il lui dit d'adopter Germanicus fils de Drusus : il se déterminoit à toutes ces adoptions, parce qu'il avoit plus de soixante-cinq ans, & qu'après avoir vu plusieurs conspirations se former contre lui, il venoit de découvrir encore celle de Cornelius Cinna : vous savez qu'il lui pardonna à la sollicitation de Livie.

Dep. J. C. 4

Agrippa Posthumus d'un esprit stupide & d'un caractère féroce, paroissoit d'une foible ressource pour Auguste. Livie néanmoins, qui craignoit qu'il ne fût préféré à son fils, le fit déshériter & reléguer dans l'île de Planasie. Cependant Tibere se faisoit une étude de gagner la confiance de l'empereur. Il commanda l'armée contre les peuples d'Illyrie, & termina glorieusement une guerre difficile. Ayant ensuite marché avec Germanicus contre les Germains, qui avoient défait Varus, & taillé en pieces trois légions, il en triompha, & fut associé à l'empire. Le peuple & le sénat, à la priere d'Auguste, le lui donnerent pour collegue dans le commandement des armées & dans le gouvernement des provinces.

Il déshérite celui-ci, & l'exile.

Tibere commande les armées avec succès.

L'année suivante, Auguste reprit pour dix ans l'administration de la république. Il trouvoit alors dans son âge un pretexte pour se-

Innovation qui hâtoit les progrès du Despotisme.

Dep. J. C. 13 couer la dépendance, dans laquelle il s'étoit mis par politique. Car ne pouvant plus venir régulierement au sénat, il fit arrêter, que ce qu'il décideroit avec Tibere dans un conseil composé des consuls en charge, des consuls désignés, de vingt sénateurs qui devoient changer tous les ans, & de tels autres qu'il jugeroit à propos d'y admettre, auroit la même force qu'un décret porté dans le sénat à la pluralité des voix : innovation qui tendoit à faire passer toute la souveraineté dans le conseil du prince, &, par conséquent, dans le prince seul. Auguste ne survécut pas long-temps à sa derniere installation. Il mourut à Nole en Campanie, le dix-neuf août, âgé de 76 ans. Il avoit gouverné la république avec Antoine pendant près de douze, & il la gouverna seul pendant quarante-quatre.

Mort d'Auguste.

Dep. J. C. 14

Son testament.

Par son testament, il institua héritiers Tibere & Livie, & leur ordonna de porter son nom, c'est-à-dire, celui d'Auguste. Il leur substitua Drusus, fils de Tibere, Germanicus & les trois fils de ce dernier, & il fit des legs au peuple & aux troupes. Il n'est pas inutile de remarquer qu'il n'imagina pas de disposer de l'empire : car il aura des successeurs qui le regarderont comme leur bien propre.

Aussitôt après sa mort, le sénat lui décerna un temple, dont Livie fut prêtresse, & on compta parmi les prêtres, Tibere, Drusus, Germanicus, Claude & les sénateurs les plus illustres. Ils étoient vingt-cinq : on les nomma *sodales Augusti*.

On lui consacre un temple & des prêtres.

CHAPITRE II.

Observations sur le gouvernement d'Auguste.

Pour juger des forces de l'empire, il faut connoître les changements survenus dans la discipline militaire.

POUR juger de l'état où Auguste a laissé la république, il est nécessaire de savoir quelles étoient à sa mort les forces de l'empire; & comme les forces consistent moins dans le nombre des soldats, que dans les usages qui s'introduisent parmi les troupes, nous examinerons la révolution que les réglements d'Auguste ont dû produire. Mais pour en mieux juger, il faut d'abord considérer qu'elle a été la discipline militaire dans les siecles précédents.

La légion avant Servius Tullius.

Le mot *légion* donne déja une idée avantageuse de la milice des Romains, puisqu'il vient de *legere* qui signifie choisir. En effet, on choisissoit les soldats dans les tribus, & chacune en fournissoit un égal nombre. C'est pourquoi jusqu'à Servius Tullius, la légion fut de 3000 fantassins & de 700 cavaliers.

Ce roi ayant fait quatre tribus, la légion fut de 4000 hommes de pied, jusqu'à la bataille de Cannes, qu'on la composa de cinq mille. Cependant le nombre des cavaliers n'augmenta pas, soit parce qu'il étoit difficile aux Romains d'entretenir une grande cavalerie, soit parce qu'ils jugeoient que l'infanterie fait la principale force des armées.

La légion après que ce Roi eut changé le gouvernement.

La derniere classe ne fournissoit point de soldats. Ils étoient tous tirés des cinq premieres, qui ayant des propriétés, étoient plus intéressées au salut de l'état.

On levoit les cavaliers dans les dix-huit premieres centuries de la premiere classe. Or, puisqu'elles étoient les premieres, elles comprenoient ce qu'il y avoit de plus riche parmi les patriciens & parmi les plébéiens. On continua de choisir de la sorte, même lorsqu'on eut assigné une paye aux soldats.

D'où les cavaliers légionaires étoient tirés.

Il étoit sage de ne confier la défense de l'état qu'aux citoyens qui avoient quelque chose à perdre. Mais Marius voulant se fortifier de la populace contre les nobles, arma les plus pauvres, ceux qu'on nommoit *capite censi*, & les introduisit dans les légions qu'il forma de 6000 hommes.

Changements que Marius fait à la légion.

Si par ce changement, les légions ne parurent pas perdre de leur courage, elles dégénérerent cependant. En effet, une populace armée ne pouvoit être que séditieuse.

Les légions, lorsque les droits de cité ont été accordés à tous les Italiens.

Quelques années après, on accorda les droits de cité à tous les Italiens, & il n'y eut plus de distinction entre les troupes des Romains & celles des alliés. Cette distinction étoit pourtant capable d'entretenir l'émulation. On peut donc conjecturer que les légions Romaines en devoient devenir moins bonnes, & que celles des alliés n'en devoient pas devenir meilleures.

Les légions pendant les guerres civiles.

Les guerres civiles se succéderent, jusqu'à la bataille d'Actium, & la république n'eut que des troupes vendues aux généraux qui la déchiroient. La légion ne fût donc plus une milice choisie. Jetons un coup d'œil sur les changements arrivés dans la discipline.

Discipline militaire dans les beaux temps de la république.

Dans les beaux temps de la république, les tribuns légionnaires, nommés par les consuls ou par le peuple, exerçoient continuellement les troupes ; plutôt que de les laisser croupir dans l'oisiveté, ils les auroient employées à des travaux inutiles ; d'où il arrivoit que le temps où elles avoient l'ennemi en tête, étoit en quelque sorte pour elles un temps de repos. Les récompenses qu'on leur offroit, entretenoient le courage, sans exciter l'avidité ; & les peines toujours infamantes, ne laissoient de ressources qu'aux ſoldats capables de ſe réhabiliter par quelque action éclatante (*).

Long-temps avant Auguſte cette diſcipline ne ſubſiſtoit plus.

Une pareille diſcipline ne peut ſe conſerver que dans un gouvernement où il y a des mœurs, & où les ſoldats ſont preſque toujours ſous les yeux des Magiſtrats. Il y avoit donc long-temps qu'elle ne ſubſiſtoit plus, lorſqu'Auguſte parvint à l'empire; une innovation qu'il fit, & que cependant il ne pouvoit ſe diſpenſer de faire, achevera de ruiner la diſcipline, & deviendra une ſource de calamités.

Innovation qui acheve de la ruiner.

Auguſte fixe les légions dans les provinces.

Les légions, avant Auguſte, n'étoient pas perpétuelles. On licencioit celles qui avoient ſervi, on en levoit de nouvelles & le même homme continuoit d'être tour-à-tour ſoldat & citoyen. Cet uſage s'étoit établi, lorſque la république n'avoit à défendre que des provinces peu éloignées. Il ſe conſerva, lorſqu'ayant étendu ſon empire au de-là de l'Italie, elle commanda comme puiſſance dominante aux nations diviſées, qui armoient pour elle les unes contre les autres. Mais, quand toutes les provinces furent également aſſujetties, cet uſage ne pouvoit plus ſubſiſter; il n'auroit pas été poſſible de ſecourir toujours à

(*) V. à ce ſujet les obſervations ſur les Romains. Liv. IV.

temps les frontieres reculées, s'il avoit fallu à chaque fois lever de nouvelles troupes; &, par conséquent, il devenoit nécessaire, d'avoir toujours des armées sur pied. Auguste fixa donc les légions dans les provinces qu'il s'étoit réservées & elles devinrent perpétuelles.

Effets de cet établissement

Depuis cet établissement, les citoyens ne furent plus obligés de quitter leurs foyers, pour courir aux frontieres. Ils payoient des soldats, & l'empire paroissoit armé pour sa défense; mais ils s'amollissoient & cessoient d'être propres aux fatigues de la guerre. Cependant les légions n'étoient plus à la république, elles étoient à l'empereur; & parce qu'elles défendoient l'empire, elles devoient bientôt s'arroger le droit d'en disposer. Recrutées dans les provinces où elles étoient établies, elles se remplissoient de mercenaires, qui ne connoissoient que la paye ou le butin. Elles devoient donc sacrifier tout à leur avidité, & on prévoit qu'elles causeront de grands troubles. De pareilles armées pouvoient être funestes au despote, qui les regardoit comme le soutien de son autorité.

Maître des provinces, Auguste crée les cohortes prétoriennes qui l'assurent.

Les forces de l'empire montoient à cinquante légions, dont vingt-cinq étoient de citoyens Romains. Les peuples qu'on nommoit alliés, fournissoient les vingt-cinq autres. Auguste fonda une caisse militaire pour l'entretien des troupes. Il régla la paye, les récompenses & le temps du service.

Par ces réglements, maître absolu dans les provinces, il s'assura de l'Italie où il établit dix cohortes. Il ne lui manquoit plus que de mettre une garnison dans la capitale de l'empire; des tumultes survenus dans les élections lui en fournirent le prétexte; & il fit entrer dans Rome trois cohortes, qui formoient un corps de six mille hommes, les autres camperent aux environs des villes voisines. Ces cohortes étoient proprement la garde de l'empereur; elles avoient deux préfets pour commandants. On les nommoit prétoriennes du mot *prétoire*, nom qu'on donnoit à la tente du général.

de l'Italie & de Rome.

Ainsi le despotisme s'établissoit sans obstacle, de lui-même en quelque sorte. Il trouvoit les circonstances si favorables, qu'Auguste n'avoit pas besoin de tout le génie qu'on lui suppose. „ Les vertus & les vices d'un „ peuple sont, dans le moment qu'il éprou- „ ve une révolution, la mesure de la liber- „ té ou de la servitude qu'il en doit atten- „ dre. C'est l'amour héroïque du bien pu- „ blic, le respect pour les loix, le mépris „ des richesses & la fierté de l'ame qui sont „ les fondements du gouvernement libre. „ C'est l'indifférence pour le bien public, la „ crainte des loix qu'on hait, l'amour des ri-

Les circonstances établissoient d'elles-mêmes le despotisme.

„ chesses & la bassesse des sentiments qui „ sont comme autant de chaînes qui garrottent un peuple & le rendent esclave. Qu'on „ y réfléchisse, c'est du point différent, où „ ces vertus & ces vices sont portés, que „ résultent les mœurs convenables à chaque „ espece de gouvernement; les vertus nobles, „ austères & rigides du républicain réduiroient „ le monarque à n'être qu'un simple magistrat; les vices bas & lâches de l'esclave le „ rendroient despotique... Les mœurs précipitoient donc les Romains au devant du „ joug.)*).

Et la monarchie d'Auguste n'étoit qu'un despotisme déguisé.

Aussi Auguste ne prit-il aucune précaution pour prévenir l'abus de l'autorité dans ses successeurs. *Il songea*, dit M. de Montesquieu, (*) *à établir le gouvernement le plus capable de plaire qu'il fût possible, sans choquer ses intérêts; & il en fit un, aristocratique par rapport au civil, & monarchique par rapport au militaire : gouvernement ambigu, qui n'étant pas soutenu par ses propres forces, ne pouvoit subsister que, tandis qu'il plairoit au monarque, & étoit entierement monarchique par conséquent.*

(*) Observ. sur les Romains liv. III. au commencement.

(*) Grandeur des Romains, Chap. XIII.

Cette monarchie, qui paroissoit modérée, parce qu'Auguste craignoit lui-même de paroître absolu, n'étoit qu'un despotisme déguisé. D'un côté, les Romains avoient tous les vices qui avilissent les ames, & de l'autre, aucune borne n'étoit prescrite à la puissance du monarque.

Pourquoi il ne songea point à mettre un frein à l'autorité.

Auguste auroit mis un frein à cette puissance, s'il eût réglé, par des loix, la succession à l'empire. Pendant quarante-quatre ans qu'il gouverna la république, il lui eût été possible de donner à ses réglements, une force capable de les faire respecter, au moins pour un temps. Il ne le tenta pas; peu inquiet sur ce qui arriveroit après lui, il ne songeoit qu'à sa propre sureté.

D'ailleurs de pareilles loix, s'il les avoit portées, auroient fait connoître qu'il étoit lui-même trop puissant. C'étoit déclarer aux Romains que la république ne pouvoit plus se rétablir, & que désormais ils étoient condamnés à obéir à un monarque sans espérance de recouvrer la liberté. Voilà ce qu'il n'avoit pas le courage de laisser entrevoir, & c'est pourquoi il ne s'étoit jamais chargé du gouvernement que pour un temps limité.

Son peu de courage a servi à son élévation.

Peut-être, dit Mr. de Montesquieu, *que ce fut un bonheur pour Auguste de n'avoir point eu cette valeur qui peut donner l'empire, & que cela même l'y porta. On le craignit moins. Il n'est pas impossible que les choses qui le deshonorerent le plus, ayent été celles qui le servirent le mieux. S'il avoit d'abord montré une grande ame, tout le monde se seroit méfié de lui ; & s'il eût eu de la hardiesse, il n'auroit pas donné à Antoine le temps de faire toutes les extravagances qui le perdirent.*

Voilà donc les causes qui contribuerent à l'élever à l'empire : c'est aussi par elles qu'il se maintint. Avec plus de hardiesse, il n'auroit pas eu la politique qu'on admire : mais il auroit pu être plus grand.

CHAPITRE III.

Tibere.

Apprehensions des Romains lorsqu'ils prévoyent la fin d'Auguste.

Il y avoit déja quelques années qu'on prévoyoit la fin d'Auguste, & les esprits incertains sur les suites qu'elle pouvoit avoir, ne savoient à quelle pensée s'arrêter. On redoutoit la guerre, on la desiroit, suivant qu'on craignoit pour une fortune faite, ou qu'on espéroit pour une fortune à faire. En général, on ne songeoit qu'avec frayeur aux maîtres dont on étoit menacé. Agrippa, sans expérience, étoit d'un caractère féroce & de plus irrité par les affronts. Tibere avoit du courage: mais que pouvoit-on attendre d'un prince élevé auprès du trône, sur qui on avoit de bonne heure accumulé les honneurs, & qui sortoit du sang des Claudius? du lieu même de son exil, le bruit de ses emportements, de sa dissimulation & de ses débauches s'étoit répandu jusqu'à Rome & le faisoit craindre comme un fléau qui menaçoit la république. Livie enfin étoit capable de tout ôser, & on appréhendoit en elle jusqu'à son sexe qui d'ordinaire est d'autant plus jaloux de la puissance qu'il est plus foible par lui-même.

Précautions de Livie pour assurer l'empire à son fils.

Ces inquiétudes agitoient les esprits, quand l'empereur tomba malade à Nole. Livie dépécha des couriers à Tibere, qui étoit en Illyrie, & disposa des gardes sur toutes les avenues, afin que Rome ne sût que les nouvelles vraies ou fausses qu'elle voudroit répandre. Elle tint de la sorte les esprits en suspens entre l'espérance & la crainte; & on apprit que Tibere étoit maître de l'empire, quand on apprit qu'Auguste venoit de mourir. On la soupçonna même d'avoir hâté la fin de l'empereur, dans l'appréhension qu'Agrippa ne fût rappellé: car elle n'ignoroit pas que son mari l'avoit été voir secrétement, & que dans cette entrevue, le pere & le petit fils s'étoient fort attendris.

Meurtre d'Agrippa Posthumus.

Le meurtre d'Agrippa fut le premier effet des craintes de Tibere & de la haine de Livie. On feignit qu'Auguste en avoit lui-même donné l'ordre; & lorsque l'assassin vint dire qu'il avoit obéi, Tibere osa le désavouer, & le renvoya au sénat. Mais cette affaire fut bientôt oubliée, & on ne parla plus d'Agrippa.

On se hâte de prêter ser-

On n'attendit pas pour se soumettre que Tibere fût arrivé à Rome. Les consuls, le sénat, les soldats & le peuple se hâterent de lui prêter serment. Lui-même il ne se hâtoit pas moins de prendre possession de l'empire. Il avoit déja donné le mot aux gardes prétoriennes : il envoyoit ses ordres à l'armée & il prenoit une garde.

ment à Tibere.

Il se hâtoit lui même de prendre possession de l'empire.

Cependant, lorsque les consuls proposerent de lui remettre les rênes du gouvernement, il répondit par un long discours sur la grandeur de l'empire, sur le génie d'Auguste, seul capable d'animer un si vaste corps; sur les temps de son association, où chargé seulement de quelques parties, il avoit appris ce que pouvoit être le fardeau tout entier; & sur les personnages distingués, qui auroient pu partager entre eux tant de soins, & pourvoir mieux qu'un seul à tous les besoins de l'etat.

Sa dissimulation dans cette conjoncture.

Si l'on n'eût pas considéré qu'il avoit déja pris l'empire, on n'eût pas su dire, s'il l'acceptoit, ou s'il le refusoit. Naturellement dissimulé, il s'étudioit alors à l'être; & il affectoit, par ses réponses, de tenir en suspens le sénat, qui ne craignant rien tant que de paroître l'avoir deviné, se prosternoit à ses pieds. Il céda enfin peu-à-peu aux instances, aux larmes & aux supplications des sénateurs. Mais en apparence, il cessa de refuser, plutôt qu'il n'accepta, ne renonçant pas à l'espoir de recouvrer sa liberté & se flattant qu'un jour on voudroit bien accorder quelque repos à sa vieillesse. Il ne détermina pas le temps, pour lequel il consentoit à se charger de l'administration. En conséquence, il n'eut pas besoin comme Auguste, de reprendre l'empire de dix en dix-ans, & les magistratures devinrent perpétuelles dans sa personne.

L'empire devient perpétuel dans sa personne.

Sa modéstie affectée.

On voulut prodiguer les honneurs à Livie: il s'y opposa, sous pretexte que les distinctions ne devoient être accordées aux femmes qu'avec beaucoup de réserve; & pour écarter tous les soupçons qu'il faisoit naître, il affecta lui-même beaucoup de modestie. Il défendit qu'on lui consacrât des temples. Il refusa constamment le titre de pere de la patrie; il ne permit qu'aux militaires de lui donner le prénom d'empereur, & il rejeta toujours le nom de maître. *Je suis*, disoit-il, *le prince du sénat, l'empereur des soldats, & le maître de mes esclaves.*

Auguste avoit ôté au peuple la puissance législative: Tibere lui enléve le droit de nommer aux magistratures.

Pendant la république, le peuple avoit seul la puissance législative, & pouvoit seul aussi prononcer sur la fortune & sur la vie des citoyens. Nous avons vu qu'Auguste, en vertu de sa puissance tribunicienne, lui enleva ces prérogatives, & qu'il affecta de les partager avec le sénat, pour être lui-même seul législateur & seul juge. Par là, le sénat fut dégradé. Au lieu d'être, comme auparavant le conseil de la république, il ne fut plus qu'un tribunal, & il ne pouvoit désormais prendre connoissance des affaires, qu'autant qu'il plairoit à l'empereur. Il ne restoit qu'a enlever au peuple le droit de nommer aux magistratures, & l'empereur se l'assuroit à lui-même, s'il le donnoit au sénat. Car il devoit dominer dans un corps dont les membres appréhenderoient sa disgrace ou rechercheroient sa faveur.

D'après ces considérations, Tibere transporta au sénat toutes les prérogatives des comices. Le peuple cessa de s'assembler, la république, dont Auguste avoit au moins respecté le simulacre, disparut tout-à-fait; les sénatus-consultes, autorisés par l'empereur, ou les édits de l'empereur, autorisés par le sénat, eurent seuls force de loix; & quoique le gouvernement parût aristocratique, on voyoit que le despotisme commençoit à sentir moins le besoin de se déguiser.

Jalousie des ordres favorables au despotisme.

Le peuple se plaignit, mais inutilement. Le sénat applaudit, comme s'il eût réellement acquis quelque chose, & ceux qui aspiroient aux magistratures, se félicitoient de n'avoir plus à briguer la faveur du peuple. La jalousie prenoit, sous un monarque, la place de l'amour de la liberté. Tous les ordres travailloient mutuellement à leur ruine, & aucun d'eux ne considéroit qu'il préparoit la sienne. C'est dans de pareilles circonstances que le despotisme s'enhardit. Aussi verrons nous bientôt les excès auxquels il se portera.

Séditions appaisées en Pannonie & en Germanie.

Tibere cependant n'étoit pas sans inquiétude. A peine les légions de Pannonie eurent appris la mort d'Auguste, qu'elles se souleverent ; jugeant cette circonstance favorable pour obtenir d'un prince qu'elles jugeoient mal affermi, une augmentation de paye ou quelqu'autre grace.

Dans le même temps & par les mêmes raisons, une autre sédition se formoit en Germanie; elle paroissoit d'autant plus à craindre, que les légions étoient en plus grand nombre, & que Germanicus qui les commandoit, pouvoit par elles s'élever à l'empire ; il lui fut offert: mais bien éloigné de l'accepter, il éteignit la sédition, au risque de sa vie.

Quant aux légions de Pannonie, elles jugerent à une éclipse de lune dont elles furent effrayées, que les dieux se déclaroient contre elles; & Drusus fils de Tibere, ayant profité de cette disposition les fit rentrer dans le devoir.

Tibere dissimule ses vices tant qu'il se croit mal affermi.

Pendant que ces choses se passoient, Tibere cherchoit à plaire au sénat. Il le consultoit: il ne faisoit rien sans son aveu: il lui demandoit jusqu'aux plus petites choses, comme s'il eût ignoré qu'il pouvoit disposer de tout : & il sembloit craindre d'être contraire à l'avis d'un simple sénateur ; *peres conscripts*, disoit-il souvent,

un

un Prince bon, sage, juste, que vous avez revêtu d'un pouvoir si étendu, se doit au sénat, à tous les citoyens, souvent même à chaque particulier; je ne me repens point d'avoir tenu ce langage, puisque j'ai trouvé en vous & que j'y trouve encore des maîtres équitables, pleins d'indulgence & de bonté.

Modeste, jusqu'à paroître offensé lorsqu'on le flattoit, il ne permit point qu'on sévît contre ceux qui critiquoient son administration, ou qui répandoient des libelles contre sa personne; & il disoit qu'il ne s'étonnoit pas que des hommes libres parlassent librement dans une ville libre. En un mot, il dissimula ses vices tant qu'il crut sa puissance mal assurée; cependant Séjan, préfet des gardes prétoriennes, jetoit dans son ame naturellement soupçonneuse des haines qui devoient donner bientôt un libre cours à sa cruauté.

Loi de majesté.

Il y avoit une loi de majesté ainsi nommée, parce qu'elle étoit portée contre les criminels d'état. Dans les temps qu'on s'intéressoit, ou qu'on vouloit paroître s'intéresser au bien public, tous les citoyens se faisoient un devoir, de veiller sur ceux qui avoient quelque part dans l'administration, & on n'étoit pas moins considéré, lorsqu'on accusoit un coupable, que lorsqu'on défendoit un innocent; ce fut là, pendant plusieurs siecles, une carriere qui s'ouvroit à l'éloquence, & qui conduisoit aux dignités.

Le peuple condamnoit ordinairement à l'amende, quelque fois à l'exil, rarement à la mort. Les plus petites peines paroissoient un frein suffisant: des hommes libres étant plus sensibles aux moindres flétrissures, que des esclaves accoutumés aux humiliations, ne le sont aux plus cruels supplices.

Elle devient une source d'abus.

Dans les derniers temps de la république, ces accusations dégénérerent en abus, parce que les mœurs se corrompirent. L'abus devoit être plus grand sous les empereurs, qui pouvoient étendre arbitrairement la loi de majesté, & punir de mort les fautes les plus légeres, ou même des actions indifférentes.

La conduite équivoque de Tibere ouvre la porte aux délations.

Sylla déclara coupables de lese majesté les auteurs de libelles, quelle que fût la condition des personnes diffamées; cette loi s'abrogea d'elle-même sous César qui parut mépriser les satyres. Auguste la renouvella; & Tibere se conduisant à cet égard avec sa dissimulation ordinaire, ne voulut ni la révoquer, ni paroître la confirmer. Le préteur lui ayant demandé, s'il connoîtroit des accusations de lese majesté, il lui répondit d'observer les loix. On répandoit alors des vers sur sa cruauté & sur son éloignement pour sa mere.

Il regnoit à peine depuis un an, & il ouvroit déja cette porte aux délations; elles commencerent aussitôt. S'il parut d'abord les mépriser, c'étoit un artifice, il devoit bientôt les enhardir.

Sous lui la loi de majesté fit un crime des actions les plus indifférentes.

Sous un prince soupçonneux, on ne savoit jusqu'où devoit s'étendre la loi de majesté, & en conséquence elle s'étendoit à tout; on fit un crime à un chevalier Romain d'avoir admis un comédien parmi les poëtes qui desservoient, dans sa maison, (*) un autel consacré à Auguste; & d'avoir vendu la statue de cet empereur, en vendant des jardins où elle étoit. Le crime d'un autre fut d'avoir parjuré le nom d'Auguste.

Comme il suffisoit d'abord à Tibere que ces accusations eussent lieu, il ne permit pas encore de sévir. Il écrivit aux consuls, que les honneurs divins décernés à son pere, ne devoient pas tourner à la ruine des citoyens; que le même comédien avoit représenté dans les jeux, consacrés par Livie à la mémoire d'Auguste, que les statues de cet empereur pouvoient se vendre sans sacrilege, comme celles de toute autre divinité; & qu'il falloit laisser aux dieux le soin de venger leurs injures.

Quelque temps après Marcellus fut accusé d'avoir mal parlé de l'empereur: & comme on avoit pris pour sujet des discours injurieux qu'on

(*) Il y avoit de pareils autels dans presque toutes les maisons. On nommoit *cultores Augusti* les prêtres qui les desservoient.

lui imputoit, les vices même de ce prince, il avoit d'autant plus de peine à se disculper, qu'on ne doutoit pas des discours, parce qu'on ne doutoit pas des vices. Hispon lui reprocha d'autres crimes. Il l'accusa d'avoir élevé sa statue au dessus de celles des Césars, & d'avoir coupé la tête d'une statue d'Auguste, pour y substituer la tête de Tibere. Au récit des injures faites à ces images, l'empereur rompit tout à coup le silence, & dit avec colere, qu'il vouloit être juge dans cette affaire. *A quel rang donc opinerez vous*, lui demande un sénateur? *si c'est avant les autres, je saurai quel avis je dois suivre: si c'est après, je crains de vous être contraire.* Interdit par cette question, Tibere permit que Marcellus fût renvoyé absous. (*)

Hispon délateur.

Hispon, dont je viens de parler, est un de ceux qui ont les premiers fait ouvertement le métier de délateur; en faveur auprès du prince, odieux à tous, il devint riche, il se rendit redoutable; & après avoir fait la perte de plusieurs citoyens, il trouva la sienne; ceux qui l'imiterent, s'éleverent comme lui & périrent de même.

Germanicus rappellé de

Pendant que ces choses se passoient à Rome, Germanicus qui se couvroit de gloire en Ger-

(*) C'est ce que dit Tacite. Selon Suetone, il fut condamné.

manie, fut rappellé, pour l'enlever aux légions qui le cherissoient; Tibere lui donna le gouvernement des provinces de l'orient, prenant pour prétexte qu'il pouvoit seul dissiper les troubles qui s'y formoient.

Germanic est envoyé en Asie.

16

Il songeoit à le faire périr. C'est au moins le jugement qui fut porté après l'évenement. En effet, Germanicus mourut, & on accusa Cn. Piso de l'avoir fait empoisonner. L'affaire fut portée au sénat; Tibere, qu'on soupçonnoit d'avoir commandé ce meurtre, parla avec une modération étudiée. *Je pleurs un fils*, dit-il, *& je le pleurerai toujours; mais je ne défends ni à Pison de se justifier, ni aux amis de Germanicus de signaler leur zele; je veux seulement qu'on juge sans passion & qu'on n'ait aucun égard à mes larmes.*

Il meurt. Pison accusé de l'avoir empoisonné.

19

Le peuple se livroit au desespoir; accoutumé à obéir, & à faire sa félicité de la différence de ses maîtres, il avoit mis toutes ses espérances dans la personne de Germanicus; & il s'affligeoit, remarque Mr. de Montesquieu, comme les enfants & les femmes, qui se désolent par le sentiment de leur foiblesse.

Désespoir du peuple.

Pison avoit donc contre lui le peuple qui demandoit sa mort: les juges paroissoient déterminés à le perdre; & ce qui l'effraya, c'est que Tibere se montroit sans compassion, sans colere, & absolument fermé à tout sentiment. Il pré-

Pison se tue.

vint son jugement, & on le trouva mort chez lui.

Tibere prend Drusus son fils pour collegue dans le consulat & s'absente.

21

Tibere, consul pour la quatrieme fois, fit un voyage en Campanie, dès le commencement de l'année. Soit que dès lors il meditât de s'absenter quelque jour tout à fait, soit qu'il voulût que Drusus qu'il avoit pris pour collegue, gérât seul le consulat.

On propose de défendre aux femmes de suivre leurs maris dans les gouvernements.

Pendant son absence, on parut s'occuper des abus à réformer. Severus Cécina proposa de défendre aux femmes de suivre leurs maris dans les gouvernements. Nos peres, disoit-il, l'avoient ainsi ordonné, & ce n'est pas sans raison. Aujourd'hui nos armées ressemblent à celles des barbares. Nos femmes les embarassent de leur attirail, & elles y répandent leurs frayeurs. Quoique foibles, elles n'en sont ni moins ambitieuses, ni moins avides. Elles s'attachent les hommes corrompus : elles se chargent du succès des affaires les plus odieuses: & on peut remarquer que toutes les fois qu'il y a eu des concussions, ce sont elles, sur-tout, qui en ont été coupables. Si on ne les contient, elles gouverneront bientôt, par leurs intrigues, le sénat, les armées & tout l'empire.

Cette proposition est rejetée.

La proposition de Cécina souleva le plus grand nombre des sénateurs. On lui répondit que les loix bonnes pour un temps, s'abrogent naturellement, lorsque les conjonctures changent; que les torts des femmes n'étoient pas toujours aussi grands qu'on les faisoit ; qu'on devroit plutôt blâmer la foiblesse des maris, qui ne savoient pas les contenir dans le devoir; mais que ce n'étoit pas une raison pour priver les autres d'une compagnie qui étoit, dans les fatigues, le délassement le plus honnête ; que d'ailleurs plus ce sexe étoit foible, plus il seroit imprudent de le laisser à lui-même, au milieu d'une ville corrompue ; & que pour remédier aux abus des provinces, il ne falloit pas augmenter ceux de la capitale. Combien de fois, dit Drusus, Auguste n'a-t-il pas visité les provinces, toujours accompagné de Livie? pour moi, j'avoue qu'en pareil cas, j'aurai de la peine à me séparer d'une femme qui m'est chere. La proposition de Cécina fut réjettée.

Abus des asyles. Drusus les réprime en partie.

On se plaignit ensuite d'un abus qui croissoit tous les jours. Les asyles avoient d'abord été fort rares. Tant que la république subsista, il n'y eut que celui de Romulus. Après la mort de Jules César, on en fit un du temple qui lui avoit été consacré. Mais bientôt après, ils se multiplierent, comme les statues des empereurs. Ces statues devinrent l'asyle des esclaves contre leurs maîtres, des débiteurs contre les créanciers, & des criminels contre la justice. Drusus, sur la représentation d'un sénateur, réprima en partie cet abus. On lui en sut gré. Comme on saisit dans le malheur, tous les motifs de consolation, on approuvoit même jusqu'aux défauts du jeune consul. Drusus aimoit le luxe; & ce goût, qui lui faisoit rechercher les sociétés, paroissoit moins à redouter, que la solitude & les soins rongeurs de Tibere.

Chevalier Romain condamné pour avoir cru prévoir la mort de Drusus.

Cependant les délations continuoient toujours. Drusus ayant été dangereusement malade, un chevalier Romain avoit fait sur sa mort qu'il croyoit prévoir, un poëme qu'il eut l'imprudence de lire dans un cercle de femmes. Trompé par l'événement, il ne voulut pas perdre ses vers, & il substitua le nom de Germanicus à celui de Drusus. La chose ne resta pas secrete. On lui fit un crime du faux pressentiment qu'il avoit eu, & il fut condamné à mort & exécuté.

Conduite de Tibere en cette occasion.

Tibere ayant appris ce jugement, écrivit avec ses détours ordinaires; donnant tout à la fois des louanges à deux sénateurs qui avoient opiné pour modérer la peine, & au zele du sénat, qui punissoit si sévérement de petites injures. Il demandoit néanmoins qu'une autrefois on précipitât moins l'exécution de pareilles sentences. En conséquance, il fut arrêté qu'à l'avenir on ne les enregistreroit pas avant le dixieme jour. On donnoit cet intervalle dans l'espérance de sauver les condamnés. Mais le sénat ne pouvoit révoquer ses jugements, & Tibere ne pouvoit s'adoucir.

Réponse de Tibere sur la

L'année qui suivit le consulat de Drusus, les édiles ayant représenté au sénat la nécessité de réprimer le luxe, les sénateurs renvoyerent la chose à Tibere, n'ôsant la prendre sur eux. Sa réponse fera connoître les mœurs de ce siecle.

proposition qu'on lui fait de réprimer le luxe.

Dans toute autre occasion, écrivit-il, peut-être eût-il été mieux de me trouver à vos délibérations, & d'opiner au milieu de vous : mais dans celle-ci, je me félicite d'avoir été absent. Ma présence n'auroit fait que répandre sans fruit, la honte & la crainte dans l'ame de ceux à qui vos regards auroient reproché leurs excès. Je loue le zele des édiles, qui vous ont porté ces plaintes, & je voudrois que les autres magistrats s'acquittassent également de leurs devoirs ; cependant je ne sais s'il ne seroit pas plus prudent de fermer les yeux sur des vices invétérés, que de montrer ouvertement que nous sommes trop foibles pour les réprimer ; vous attendez, sans doute, du prince quelque chose de plus que d'un édile, d'un préteur, ou d'un consul. En effet, il ne seroit pas honnête de me taire : mais est-il facile de répondre ? je vois seulement que, tandis que les autres se font un mérite de s'élever contre les abus, la haine publique retombe toute entiere sur moi seul, qu'on suppose pouvoir les arrêter. Par où donc commencerai-je la réforme ? par l'immensité des maisons de campagne ? par les légions d'esclaves de toute nation ? par la richesse des habits, égale dans les hommes & dans les femmes ? par les pierres précieuses qui font passer notre argent chez l'étranger, chez l'ennemi même? je ne l'ignore pas, voilà ce dont on se plaint. On dit dans tous les repas, dans tous les cercles, il faut réprimer le luxe. Mais ceux qui demandent le plus que je sévisse, seront les premiers à se plaindre, si je sévis. Ils ne cesseront de crier que j'ouvre une nouvelle porte aux délations, & que je prépare la ruine des meilleures familles. Cependant on ne peut pas se flatter de réussir par des remedes légers. S'il en faut de violents aux maladies enracinées du corps, il en faut de plus violents aux maladies de l'ame, qui corrompue, se corrompt encore, & se fait des besoins de tous les vices. Tant de loix portées par nos ancêtres, par le divin Auguste, sont oubliées; ou, ce qui est plus honteux, elles sont méprisées, & le luxe ne se montre qu'avec plus de sécurité. C'est ce qui doit arriver. On se contient tant qu'on craint de donner lieu par ses excès, à défendre les choses dont on aime à jouir: mais lorsqu'une fois on désobéit impunément aux loix, il n'y a plus de crainte, & on franchit toutes les bornes de la pudeur. Quelle étoit la cause de la frugalité de nos peres? c'est que leurs mœurs se régloient d'elles-mêmes. Citoyens d'une seule ville, ou renfermés dans l'Italie, rien n'irritoit leurs désirs. Ce sont les guerres étrangeres qui nous ont appris à dévorer les nations vaincues; & dans nos guerres civiles, nous avons appris à nous dévorer nous mêmes. S'imagine-t-on que le luxe soit le plus grand de nos maux ? On ne pense donc pas combien l'Italie a besoin de tout le reste de l'empire; & que la vie d'un peuple immense est tous les jours confiée aux vagues de la mer. Cependant si les secours des provinces venoient à manquer à tant de citoyens, à tant d'esclaves; vivrions-nous de nos maisons, de nos jardins, de nos forêts? Voilà ce qui doit être le soin du prince. Pour tout le reste : c'est à nous à nous appliquer chacun les remédes convenables, & il faut espérer que la honte corrigera ceux qui pensent le mieux; la nécessité, les pauvres; & la satiété, les riches. Si cependant il y a des magistrats qui croyent pouvoir hâter ce changement; je les en loue, & j'avoue qu'ils me soulageront d'une partie de mon fardeau; mais s'ils aspirent à la considération, dans la pensée de me laisser ensuite toute la haine, je déclare que je ne suis pas si jaloux de me faire haïr, pour hazarder des tentatives tout à la fois odieuses & infructueuses.

Il ne faut qu'attendre pour voir tomber le luxe.

Telle fut la réponse de Tibere. Le luxe étoit alors à son plus haut période, parce que les grandes fortunes qui s'étoient formées pendant la république, subsistoient encore, & que les citoyens opulents n'ayant plus à briguer la faveur du peuple par des libéralités, n'auroient su que faire de leurs richesses, s'ils ne les avoient pas employées à des superfluités de toute espece. Mais comme le luxe tend à la ruine de l'état & des particuliers, il ne faut qu'attendre pour le voir tomber. Son plus haut période est l'avant-coureur de sa chûte. Il viendra même un temps où les plus riches n'oseront user de leurs richesses, parce qu'ils craindront de les montrer au souverain, dont elles exciteront l'avidité.

Sans la loi de majesté, l'administration de Tibere eût été digne d'éloges à plusieurs égards.

Tibere regnoit depuis huit ans, & jusqu'alors son administration étoit, à plusieurs égards, digne d'éloges. Les affaires de la république & celles des particuliers, lorsqu'elles étoient de quelque importance, se traitoient dans le sénat. Il réprimoit la flatterie. Il donnoit les honneurs à la naissance, aux services, au mérite; les consuls, les préteurs, les moindres magistrats jouissoient encore de quelque considération. Les loix étoient en vigueur, & les contestations entre le Prince & les particuliers se décidoient par les voyes de la justice. L'empereur veilloit aux besoins de Rome; il empéchoit que les provinces ne fussent vexées. Il avoit peu de terres en Italie: ses esclaves s'y conduisoient sans insolence, & sa maison étoit gouvernée par un petit nombre d'affranchis; en un mot, Rome eût été tranquille sans la loi de majesté, qui pouvoit toujours supposer des crimes à ceux à qui on n'avoit rien à reprocher; & la crainte du mal que pouvoit faire l'empereur, permettoit à peine de jouir du bien qu'il procuroit.

Cette crainte n'étoit que trop fondée. En effet, il commença la neuvieme année de son regne à changer de conduite. Elius Séjanus, préfet des gardes prétoriennes, fut la principale cause de ce changement; & le gouvernement devint dans la suite tous les jours plus odieux.

Il change de conduite. Sejan en est la principale cause.

Adroit à gagner la confiance & à jeter des soupçons sur les autres, Séjan prit un tel empire sur l'esprit de Tibere, que ce prince, caché à tous, s'ouvroit à lui seul. Il l'appelloit le compagnon de ses travaux. Il souffroit que les images de ce ministre fussent honorées, comme les siennes, sur les thêatres, dans les places, dans les camps; & il lui abandonnoit peu à peu tous les soins de l'administration.

Empire de ce Ministre sur l'esprit de Tibere.

Séjan réunit dans un même camp les gardes prétoriennes jusqu'alors dispersées. Il prétexta que la discipline en seroit mieux observée, & qu'au besoin, on trouveroit dans ces troupes un secours plus prompt; mais il vouloit les mettre à portée de connoître leurs forces. En effet, par cette innovation, la préfecture commença sous lui à devenir une puissance redoutable. Il nommoit les centurions & les tribuns: il s'attachoit les soldats, & comme il étoit le canal de toutes les graces, il forçoit les sénateurs à lui faire la cour, & il avoit à sa dévotion tous ceux qui aspiroient à quelque place.

Puissance qu'il acquiert.

Pour regner, il projette d'exterminer les Césars, & il empoisonne Drusus.

Cette puissance ne suffisoit pas à l'ambition de ce ministre: il vouloit régner. Résolu d'exterminer les Césars, il fit empoisonner Drusus qui le haïssoit, qui l'avoit offensé, & qui ne lui pardonnoit pas de partager en quelque sorte l'empire avec Tibere. Ce crime n'ayant pas été découvert, ni même soupçonné, il jugea qu'il ne lui falloit plus que du temps pour achever tous les attentats qu'il méditoit.

Tibere paroît soutenir la mort de son fils avec fermeté, & fait douter de la sincérité de ses sentiments à l'égard des enfants d'Agrippine.

Drusus violent & cruel, fut peu regretté. Le peuple se réjouissoit secrétement d'une perte qui paroissoit relever les espérances des enfants de Germanicus; quant à Tibere, il montra de la fermeté, & pendant la maladie & à la mort de son fils. Il se hâta même de paroître au sénat, cherchant, disoit-il, des consolations dans le sein de la république. Il représenta son âge avancé, l'enfance de ses petits fils; & ayant fait entrer Néron & Drusus, deux fils de Germanicus, il conjura les sénateurs de veiller à leur éducation, & de leur tenir lieu de pere. Quoique son discours eût d'abord arraché des larmes, on douta bientôt de la sincérité de ses sentiments, parce qu'il offrit de rendre aux consuls l'administration de la république, proposition qu'il avoit déja faite plusieurs fois, & qu'on savoit n'être pas sincere.

Agrippine bannie avec son fils Néron,

Agrippine, veuve de Germanicus, ne dissimuloit ni ses craintes ni ses prétentions. Séjan mit auprès d'elle des personnes qui irritoient son caractère fier & inflexible ; & lorsqu'il l'eut rendue suspecte, il la représenta à la tête d'un parti qui se fortifieroit si on tardoit de sévir. Quelques années après, elle fut bannie avec son fils Néron, & on enferma Drusus son second fils.

& son second fils enfermé.

Rome, Monseigneur, offre bien des révolutions. La souveraineté est d'abord partagée entre le roi, le sénat & le peuple. Les rois en abusent & ils sont chassés. Elle reste aux patriciens qui en abusent encore. Elle passe au peuple, & elle amene tous les désordres de l'anarchie. Enfin elle se perd dans un seul, & la puissance devient arbitraire. Vous avez vu de grandes guerres, de grandes conquêtes, de grandes dissentions. A ce tableau aussi vaste que varié on ne peut plus opposer que Tibere, Séjan, & des délateurs, c'est-à-dire, des détails, qui aujourd'hui ne nous touchent, que parce qu'ils nous font gémir sur les malheurs de l'humanité. Vous les lirez dans Tacite, qui sait les rendre intéressants, & qui vous apprendra l'usage que vous devez faire de l'autorité, parce qu'il vous apprendra combien les mauvais princes sont malheureux. Que vous écrirai-je, disoit Tibere dans une lettre au sénat, comment vous écrirai-je, ou que ne vous écrirai-je pas ? si je le sais, que les dieux & les déesses me fassent périr d'une maniere plus cruelle, que celle dont je péris tous les jours.

Contraste des événements dans les siècles qui ont précédé.

Comme les discours qu'on tenoit contre l'em-

Pourquoi Tibere se retire dans l'île de Caprée.

pereur, étoient le principal objet de la loi de majesté, il étoit souvent exposé à entendre toutes les horreurs qu'on disoit de lui, & il se dégoûta de venir au sénat. Il résolut même de quitter Rome pour chercher quelque autre part une retraite, où il pût se livrer sourdement à tous ses
26 vices. Il passa dans la Campanie, sous prétexte d'y dédier deux temples; & bientôt après il alla se cacher dans l'île de Caprée.

Séjan en devient plus puissant.

Séjan qui l'avoit sollicité à prendre ce parti, fut bientôt le collegue, plutôt que le ministre de l'empereur. Comme il n'y avoit plus d'accès que par lui, sa puissance s'accrut à mesure que l'âge & la débauche dégoûterent Tibere des soins du gouvernement. On mêloit son nom avec celui du prince : le sénat lui faisoit des députations : les grands s'avilissoient devant lui & devant ses affranchis. En un mot, l'espérance ou la crainte le rendoit maître des soldats, des sénateurs & de tout ce qui entouroit Tibere.

Il se rend suspect à Tibere, qui a besoin d'artifices pour le perdre.

Mais dans l'ivresse de sa fortune, il usa si insolemment du pouvoir, qu'il ne pouvoit manquer de se rendre enfin suspect à un maître naturellement soupçonneux. Or, dès que Tibere le craignit, il le jugea coupable, & il résolut de le perdre. Il dissimula néanmoins pendant quelque temps, il tint une conduite équivoque, qui ne permettant pas au préfet des gardes de prévoir le danger, faisoit insensiblement soupçonner sa disgrace aux plus clairvoyants.

Ce-

Cependant Tibere trembloit lui-même. Tel est le sort d'un despote : cette puissance absolue dont il croit jouir, elle n'est pas à lui ; elle est à tout ministre audacieux qui osera s'en saisir. Séjan régnoit déja, & l'impuissance de Tibere se déceloit aux artifices dont il avoit besoin. Que les monarques sont aveugles, quand ils donnent leur confiance à un ministre qui les flatte d'une autorité sans bornes ! ils ne voyent pas tout ce qu'ils ont à redouter.

Séjan condamné & exécuté.

L'empereur fut heureux : ses artifices lui réussirent ; & Séjan, d'autant plus imprudent qu'il croyoit sa puissance mieux assurée, ne vit pas le précipice qui s'ouvroit sous ses pas. Il fut accusé devant le sénat, condamné à mort exécuté, traîné dans les rues, mis en pieces, & jeté dans le Tibre. Le supplice s'étendit sur ses enfants : on confisqua ses biens, & on poursuivit tous ceux qui avoient eu quelque liaison avec lui.

Terentius accusé d'avoir été ami de Séjan.

La mort étoit le prix d'une amitié, qu'on avoit recherchée jusqu'alors. Un chevalier Romain, M. Terentius, eut cependant le courage d'avouer qu'il avoit été l'ami de ce ministre. Il tint ce discours au sénat.

Il seroit peut-être plus sûr pour moi, de nier mon crime : mais quoiqu'il en puisse arriver, j'avoue que j'ai été ami de Séjan ; j'ai même desiré de l'être, & je me suis réjoui d'y avoir réussi, je le voyois à la tête du gouvernement civil & militaire. Les honneurs se répandoient sur ses parents & sur ses alliés ; son amitié assuroit celle du prince. Si, au contraire, on avoit encouru sa haine, on vivoit dans la crainte ou dans l'humiliation. Je n'en donnerai point d'exemples: il me suffira de défendre à mes seuls risques, ceux qui, comme moi, n'ont point trempé dans ses derniers desseins. Non, ce n'étoit point Séjan de Vulsinie, que nous honorions: c'étoit l'allié des Claudes, des Jules, (*) c'etoit votre gendre (**), César, votre collégue dans le consulat, celui qui partageoit avec vous tous les soins de l'empire. Il ne nous convient, ni de juger ceux que vous élevez, ni de pénétrer vos motifs. Vous commandez, nous obéissons ; & nous n'avons vu dans Séjan que ce que vous avez laissé voir, les richesses, les honneurs, le pouvoir de servir & de nuire. Il eût été dangereux pour nous de fouiller plus avant ; & si vous avez eu des desseins secrets, nous avons dû les respecter. Qu'on ne s'arrête donc pas aux derniers jours de Séjan; songeons à seize ans de faveur, à ces temps où l'on étoit forcé de respecter jusqu'à ses esclaves, où l'on se tenoit

(*) Sa fille avoit été destinée au fils de Claude frere de Germanicus

(**) Parce que le bruit couroit qu'il devoit épouser Livie, veuve de Drusus.

honoré d'en être connu. Je n'ai garde cependant de vouloir justifier également toute liaison avec lui; quon punisse les complices de ses attentats contre la république & contre le prince, mais nous sommes absous du crime d'avoir été de ses amis, par la même raison que vous l'êtes, César.

Terentius fut renvoyé. Cn. Lentulus Géculicus, accusé du même crime, se justifia de la même maniere, & menaça; il étoit assuré des légions de la haute Germanie, où il commandoit; & il pouvoit compter, sur celles de la basse qui étoient sous les ordres de son beaupere.

Lentulus accusé du même crime.

Réduit à craindre ses ministres & ses généraux, Tibere se voyoit méprisé des nations étrangeres, qui commençoient à ne plus redouter les armes romaines. Artaban Roi des Parthes, osoit le menacer d'envahir les provinces de l'Asie. Il le bravoit jusqu'à lui reprocher ses vices; & il l'invitoit à combler par une mort volontaire, les vœux des citoyens dont il étoit l'horreur.

Tibere méprisé des nations étrangeres.

Ce mépris étoit fondé. Car Tibere s'abymoit dans la débauche, & abandonnoit tout à fait le soin de la république. Il ne remplaçoit aucun tribun militaire: il laissoit les provinces sans gouverneur: il livroit l'Armenie aux Parthes, la Mœsie aux Daces & au Sarmates, les Gaules

Il néglige tous les soins de l'empire.

aux Germains ; & il ne s'inquiétoit ni des dangers, ni du déshonneur de l'empire.

Ses cruautés lorsqu'il apprend que son fils a été empoisonné par Séjan.

Sur ces entrefaites, ayant découvert que son fils Drusus avoit été empoisonné par Séjan, il rechercha tous les complices de ce crime ; & sous prétexte de punir des coupables, il sévit contre tous ceux dont il voulut confisquer les biens. Alors toutes les délations furent reçues sans preuve, & chaque jour fut marqué par des supplices. Il répondoit à ceux qui lui demandoient la mort, qu'il n'étoit pas encore réconcilié avec eux ; & un malheureux s'étant tué pour se soustraire à sa barbarie, *il m'a échappé*, dit-il. Lorsque les soldats conduisoient les victimes qu'il immoloit, ils avoient ordre d'observer la contenance des spectateurs & de dénoncer tous ceux qui laisseroient échapper quelques plaintes ou quelques larmes. Mais pourquoi nous arrêter sur les dernieres années de ce regne ?

Sa mort.

37

Tibere tomba malade à Misene, & fut étouffé dans son lit par Macron, qui avoit succédé à Séjan dans le commandement des gardes prétoriennes. Il a regné près de vingt-trois ans, & en a vécu soixante-dix-huit.

CHAPITRE IV.

Caïus Caligula.

CAIUS Caligula, troisieme fils de Germanicus & d'Agrippine, avoit été appellé à Caprée dans sa vingtieme année. Elevé dans les camps, &, par conséquent, cher aux armées, il avoit encore tous les vœux du peuple, & Tibere l'avoit peu à peu approché du trône, lorsqu'il cherchoit un appui contre Séjan, dont il redoutoit l'ambition.

Caligula, lorsqu'il étoit à Caprée.

Témoin des supplices qui devenoient tous les jours plus fréquents, Caligula naturellement cruel, s'étoit enhardi à verser le sang des citoyens; & toujours tremblant pour lui-même, il s'étoit formé dans l'art de dissimuler, que les malheurs de ses parents sembloient lui rendre nécessaire. Jamais il ne lui échappa un mot sur le sort de sa mere & de ses freres: il paroissoit ignorer qu'ils eussent vécu. Il ne parut pas moins insensible aux injures qu'il recevoit lui-même. Aussi a-t-on dit de lui, qu'il n'y eut jamais de meilleur esclave, ni de plus méchant maître.

Enthousiasme du peuple pour ce Prince.

Il faut peu de chose pour exciter l'enthousiasme du peuple. Caligula promit au sénat le gouvernement le plus sage: il rappella les exilés; il écarta les délateurs, & on crut déja voir des vertus dans un Prince qui dissimuloit ses vices. Pendant une maladie dangereuse qui lui survint le huitieme mois de son regne, toute la ville montra les plus vives inquiétudes. On entouroit son palais jour & nuit, l'alarme passa dans les provinces, & il y eut des citoyens qui firent vœu de donner leur vie, si l'empereur réchappoit. Cependant son regne qui dura encore trois ans, ne fut plus que le délire d'un esprit égaré & féroce.

Tout à coup le despotisme se montre à découvert.

Maître de l'empire, Auguste craignoit de le paroître. Tibere crut aussi devoir user de quelque circonspection. Il falloit sur le trône un prince tout à fait extravagant pour montrer tout à coup le despotisme à découvert.

Tyrannie de Caligula, sophiste dans sa cruauté.

» Caligula, dit M. de Montesquieu (*) ôta les accusations des crimes de lese majesté: mais il faisoit mourir arbitrairement tous ceux qui lui déplaisoient; & ce n'étoit pas à quelques sénateurs qu'il en vouloit: il tenoit le glaive sus-

(*) Grand. & Decad. des Romains. Ch. XV.

pendu sur le sénat, qu'il menaçoit d'exterminer tout entier... C'étoit un vrai sophiste dans sa cruauté, dit encore le même écrivain. Comme il descendoit également d'Antoine & d'Auguste, il disoit qu'il puniroit les consuls s'ils célébroient le jour de réjouissance, établi en mémoire de la victoire d'Actium; & qu'il les puniroit s'ils ne le célébroient pas; & Drusille sa sœur à qui il accorda les honneurs divins, étant morte, c'étoit un crime de la pleurer, parce qu'elle étoit déesse, & de ne la pas pleurer, parce qu'elle étoit sa sœur. »

Il imagina des impôts nouveaux & inouis: il vexa les provinces: pour s'emparer des dépouilles des citoyens, il fit périr les plus riches: & il marqua chaque jour de son regne par des cruautés.

Mot féroce de ce prince.

Cependant il s'attachoit la populace par des spectacles qu'il donnoit fréquemment; & les soldats par les gratifications qu'il leur faisoit. En général, il trouvoit dans le peuple des dispositions à l'excuser, parce qu'il lui avoit rendu les comices: mais il les lui ôta bientôt après, & il l'aliéna. On n'imagina d'autre vengeance, que d'affecter de ne pas applaudir à des gladiateurs auxquels il applaudissoit lui-même, & il s'écria dans sa colere: *plût aux dieux que le peuple Romain n'eût qu'une tête, je la ferois tomber.*

Ses folies.

Je n'entretai pas dans le détail de ses cruautés. Je ne parlerai pas de ses folles dissipations; de sa passion pour un cheval, dont il menaçoit de faire un consul; de ses campagnes militaires, ridicules & extravagantes; des autels qu'il s'élevoit à lui-même, dont il étoit le prêtre, & dont il vendoit chérement le sacerdoce aux plus riches citoyens; de sa manie à se donner, tantôt pour Jupiter, tantôt pour Mercure, tantôt pour Junon, &c. Ces choses ne paroîtroient pas vraisemblables, si on ne savoit pas qu'un despote dans le délire, est fait pour tout oser, & qu'un peuple esclave est fait pour tout souffrir.

Sa mort.

Ce monstre périt enfin par les coups de Cassius
41 Chéréa, un des tribuns des gardes prétoriennes. Il étoit dans sa vingt-neuvieme année, & il avoit regné près de quatre ans.

Comment les plus grands interêts se reglent souvent par des abus.

Auguste, qui vouloit tout obtenir du sénat & du peuple, paroissoit bien éloigné de croire qu'il eût quelque droit à disposer de l'empire; & de la part de Tibere, l'offre de le rendre, quoique peu sincere, prouve bien qu'il ne le regardoit pas comme une chose à lui. Caligula en avoit jugé autrement: car pendant sa maladie, il donna par testament l'empire à Drusille sa sœur. S'il fût mort, & que cette femme eût eu pour elles les gardes prétoriennes, l'usage qui se seroit introduit, auroit transporté au prince régnant les droits du peuple; & dans la suite, chaque empereur auroit disposé de l'empire comme de ſon patrimoine. C'eſt ainſi que les plus grands interêts ſe reglent ſouvent par des abus, & que les peuples, finiſſant par être au ſouverain qu'ils ont choiſi, ſe voyent à ſa diſpoſition, comme de vils troupeaux.

CHAPITRE V.

Claude.

On se flattoit de rétablir le gouvernement républicain,

Les cohortes préposées à la garde de la ville, s'étoient emparées au nom des consuls & du sénat, du capitole & de la place publique. On délibéroit sur les moyens de rétablir l'ancienne liberté : les conjurés osoient se montrer : on applaudissoit hautement au courage de Chéréa, & le peuple même paroissoit entrer dans les vues du sénat; un incident fit bientôt évanouir toutes ces espérances.

Lorsque Claude fut élu empereur par les soldats.

Au moment où les conjurés écartoient tout le monde, comme si Caligula eût voulu être seul, Claude qui l'accompagnoit, s'étoit éloigné. Bientôt effrayé du tumulte qui s'éleva dans le palais, il se cacha derriere une tapisserie, & un soldat qui le découvrit, le salua empereur, lorsque lui-même tout tremblant, il lui demandoit la vie. Aussitôt d'autres soldats se rassemblent autour de lui. Ils le mettent dans une litiere, & le portent au camp des gardes prétoriennes.

Il est le premier qui ait

D'abord incertain de son sort, Claude se rassura bientôt; il promit une forte gratification, & il reçut le serment des troupes. Le peuple approuva ce choix. Les cohortes de la ville allerent se joindre à celles du camp ; le sénat se vit réduit à céder à la force. Cet empereur est le premier qui ait acheté l'empire. Il étoit frere de Germanicus & oncle de Caligula.

acheté l'empire.

Claude avoit passé son enfance & sa jeunesse dans des maladies qui le rendirent si foible de corps & d'esprit, qu'on le jugeoit incapable de toute fonction publique. Sa mere Antonia l'appelloit une ébauche de la nature. Livie avoit pour lui le même mépris. Sous Auguste, il n'obtint d'autre dignité que celle de prêtre de Jupiter & d'augure ; & sous Tibere, forcé à renoncer à toute ambition, il vécut dans la retraite avec la plus vile populace. Ce ne fut que sous Caligula qu'il parvint aux magistratures. Cet empereur, qui en faisoit son jouet, le fit sénateur & lui donna le consulat, comme il l'eût donné à son cheval.

Il étoit incapable de toute fonction publique.

Quoique grand & assez bien fait, Claude étoit lent dans tous ses mouvements, ou il s'agitoit sans grace, lorsqu'il vouloit jouer la vivacité. Souvent, soit qu'il parlât, soit qu'il agît, il paroissoit ne savoir, ni ce qu'il étoit, ni ce qu'il vouloit, on eût dit que son ame dépourvue de toute activité, avoit besoin d'une impulsion étrangere pour penser & même pour sentir.

Sa disgrace & son ineptie.

Il avoit l'esprit cultivé.

Cependant il n'étoit pas dépourvu de toutes connoissances. Comme à Rome, les citoyens les plus distingués avoient les premiers cultivé les lettres, l'usage de laisser croupir la noblesse dans l'ignorance n'avoit pas encore prévalu, & c'étoit un préjugé, qu'un grand doit avoir des connoissances & même des talents. Claude fut donc instruit; il savoit l'histoire: il composoit lui-même ses harangues, & il écrivoit avec une sorte d'élégance. C'est qu'il avoit cultivé sa mémoire sous des maîtres éclairés: mais il ne lui avoit pas été possible de se former le jugement. Peu capable de réflexion, il ne saisissoit jamais toutes les circonstances de la chose qu'il étudioit. Il brouilloit ce qu'on lui disoit, & s'il hazardoit de parler d'après sa propre pensée, il lui échappoit quelque ineptie.

Comment les noms d'Auguste & de César devinrent des titres de dignité.

La famille des Jules, soutenue par diverses adoptions, s'éteignit dans Caligula. Quoique Claude vînt par sa mere Antonia, d'Octavia sœur d'Auguste & femme d'Antoine, il n'avoit pas été adopté, &, par conséquent, il n'étoit point de la famille à laquelle les noms d'Auguste & de César avoient appartenu. Cependant comme ces noms avoient été successivement portés par trois empereurs, on attachoit déja à l'un & à l'autre quelque idée de dignité. C'est pourquoi Claude les prit. Ses successeurs l'imiterent. De la sorte, le nom d'Auguste devint insensiblement le titre de la puissance suprême; & celui de César devint de la même maniere, le titre de celui qui étoit désigné pour succéder à l'empire.

Claude commença son regne par des actions populaires. Il supprima la loi de majesté, il diminua les impôts, il défendit de tester en sa faveur, lorsqu'on avoit des parents, & abolit les étrennes que les empereurs étoient en droit de recevoir, & qui étoient devenues un moyen d'extorsions; mais bientôt livré à ses affranchis & à ses femmes, il ne fut plus que l'instrument de leur avarice & de leur cruauté. Qu'on juge de l'usage que devoient faire de l'autorité ces ames avides, qui avoient appris, sous le regne précédent, ce que le despotisme pouvoit oser. On agissoit sans prendre ses ordres, souvent contre ses intentions : on ne cachoit pas même le mépris qu'on avoit pour lui. Claude, qui s'en appercevoit quelquefois, s'en plaignoit & laissoit faire.

Il commence son regne par des actions populaires.

Il se livre aux affranchis & à ses femmes.

Jaloux de rendre la justice par lui-même, il se saisit des affaires qui appartenoient aux différents tribunaux; c'est-à-dire, que ses affranchis jugerent avec lui ou sans lui. Ceux que les empereurs avoient établis dans les provinces pour percevoir leurs revenus, avoient été jusqu'alors sans jurisdiction. Claude les autorisa par un décret du sénat, à juger en son nom; & ils obtinrent, sans résistance, ces mêmes jugements que les sénateurs & les chevaliers s'étoient en-

Il donne les jugements aux affranchis

levés tour à tour, & qui avoient été depuis les Gracques, une des principales causes des troubles. Si dans les temps de la république, cette puissance entre les mains des sénateurs, ou des chevaliers, avoit été une source d'injustices; que devenoit-elle sous un prince foible, entre les mains des affranchis?

Ap. Silanus victime de la stupidité de Claude.

Les citoyens riches étoient, sur-tout, exposés à l'avidité de ces valets souverains. Ap. Silanus fut mis à mort, parce que Narcisse dit l'avoir vu en songe, qui attentoit à la vie de l'empereur; & Claude, en plein sénat, eut la bêtise de remercier cet affranchi d'avoir veillé sur ses jours même en dormant. On compte trente-cinq sénateurs & plus de trois cents chevaliers, qui furent ainsi les victimes de sa stupidité. Je n'en donnerai plus qu'un exemple.

Autre victime, Valerius Asiaticus.

Messaline sa femme, ayant médité la perte de Valerius Asiaticus, pour avoir les jardins de Lucullus qui lui appartenoient, & qu'il avoit embellis, elle le fit accuser de conspiration; & Valerius chargé de chaînes, fut conduit dans l'appartement de l'empereur, pour être jugé par les affranchis. Il confondit ses délateurs, & Claude étoit disposé à le renvoyer absous, lorsque Vitellius lui représenta qu'il ne pouvoit s'empecher de parler en faveur d'un homme dont il avoit toujours été l'ami; lui rappellant les services que Valerius avoit rendus à la république, l'exhortant à la clémence & le conjurant de lui laisser le choix du genre de mort. Fait pour être le jouet de la perfidie d'un courtisan, Claude accorda cette grace.

Messaline avoit tous les vices. Claude seul ignoroit les débauches & les forfaits de cette femme, & se livroit à elle avec une confiance qui eût suffi pour le rendre méprisable. Il étoit allé à Ostie, lorsque Messaline, dégoûtée des crimes communs & faciles, imagina d'en commettre qui fussent sans exemple; éprise de C. Silius, elle résolut de l'épouser, & elle l'épousa, solemnellement à la vue du sénat & du peuple. Elle comptoit même si fort sur l'imbécillité de l'empereur, qu'elle se fit un divertissement de lui faire signer le contrat; lui ayant persuadé que ce mariage n'étoit qu'une feinte, pour écarter des malheurs dont il étoit menacé.

Messaline femme de Claude épouse Silius. Sa mort.

Ce mariage avoit été consommé au grand scandale de toute la ville, & personne n'osoit en parler à Claude; parce qu'on étoit persuadé que si Messaline paroissoit devant lui, elle trouveroit grace, même en s'avouant coupable. De trois affranchis alors en faveur, Calliste & Pallas prirent le parti du silence. Narcisse osa seul tenter de la faire accuser; tous trois avoient été long-temps liés avec elle: mais ils s'en étoient éloignés, depuis qu'elle avoit fait mourir Polibe, autre affranchi très puissant.

Effrayé à cette nouvelle, Claude demandoit s'il étoit encore empereur. Narcisse qui prend pour ce jour là le commandement des gardes prétoriennes, le rassure & le conduit au camp. Silius & ses complices sont exécutés.

Cependant Messaline pouvoit encore trouver grace; car l'empereur lui avoit fait dire de préparer sa défense pour le lendemain. Narcisse ordonne de la tuer, & on vient dire à Claude qu'elle étoit morte. Il n'en demanda pas davantage : il ne montra même ni joye ni tristesse.

Claude épouse Agrippine.

Il venoit de jurer devant les gardes prétoriennes, qu'il vivroit désormais dans le célibat : mais ses affranchis qui n'avoient pas juré, résolurent de le marier encore, & il ne crut pas sans doute, avoir pu se lier sans leur aveu. Il ne s'agissoit donc plus que de choisir entre les femmes qu'ils lui proposoient, & il étoit embarrassé, parce que Narcisse, Calliste, & Pallas ne s'accordoient pas. Il se décida enfin pour Agrippine, sa niéce; elle étoit fille de Germanicus.

Loi portée à cette occasion.

Cependant on fut d'abord arrêté. On eut quelque scrupule, parce que ce mariage incestueux étoit sans exemple. Une chose étonnante, c'est que les affranchis n'imaginerent pas de dire au prince qu'il étoit au dessus des loix. On ignoroit encore cette maxime. La complaisance du sénat n'avoit pas fait sentir la nécessité de l'établir. On demanda donc une loi qui autorisât ces

ces sortes de mariages, & le sénat la porta. Il y eut même des sénateurs qui s'écrierent que si César balançoit, il falloit le contraindre.

Elle médite d'assurer l'empire à son fils.

Messaline ne parut que se jouer de l'imbécilité de Claude, & ne chercher dans la débauche que la débauche même. Avec autant de vices & plus d'ambition, Agrippine se fit un plan d'une suite de crimes. Un fils qui lui restoit de son premier mari Cn. Domitius Enobardus, étoit l'objet de tous ses desseins. Elle ambitionnoit si fort de l'élever à l'empire, que quelqu'un lui ayant dit que s'il regnoit, il lui ôteroit la vie: *qu'il me tue*, répondit-elle, *pourvu qu'il regne*, & pour réussir dans ses projets, elle se prostitua aux affranchis qui gouvernoient l'empereur.

Ses mesures à cet effet.

Octavie avoit été fiancée avec L. Silanus. Mais dès le moment qu'Agrippine put penser pour elle à Claude, elle pensa pour Domitius son fils à Octavie; & Silanus à qui elle supposa des crimes, périt le jour même qu'elle célébra ses noces. Octavie fut aussitôt promise à Domitius que l'empereur adopta peu de temps après. Il lui donna les noms de Nero-Claudius-César-Drusus-Germanicus, & on fit au nom de ce nouveau César, des largesses au peuple & aux soldats.

Britannicus, dont la concurrence pouvoit être à craindre pous Néron, fut entouré de gens dévoués à Agrippine. Ceux à qui son éducation avoit été confiée, furent exilés, ou condamnés à mort sous différents prétextes. On ôta le commandement aux deux préfets du prétoire qui paroissoient dans ses interêts ; & on le donna à Burrhus Afranius, qui entra dans les vues d'Agrippine. Ce capitaine jouissoit cependant d'une réputation qui paroissoit méritée.

Elle confie à Sénéque l'éducation de Néron.

Sénéque, Philosophe stoïcien, avoit été exilé; Agrippine le fit rappeller, & le chargea de l'éducation de son fils. Elle se flattoit, sans doute, que la considération du précepteur préviendroit en faveur de l'éleve.

Néron prononce des discours qu'il n'a pas faits.

Dans les temps de la république, les jeunes gens, qui pouvoient aspirer aux magistratures, se montroient au barreau & travailloient à se faire une réputation d'éloquence. Cet usage subsistoit encore : les Césars s'y conformoient eux-mêmes. Ils parloient ordinairement en faveur des peuples qu'on vexoit, ou qui avoient souffert quelque calamité. Agrippine voulut donc que son fils parût instruit. Mais les harangues qu'il prononça étoient de Sénéque. Il est le premier des Césars qui ait prononcé des discours qu'il n'avoit pas faits.

Agrippine empoisonne Claude.

Agrippine avoit enfin tout préparé pour assurer l'empire à son fils, lorsqu'un mot échappé à son mari la détermina à ne pas renvoyer à un autre temps l'exécution de ses desseins. *Si je suis destiné*, avoit dit l'empereur, *à souf-*

frir quelque temps les déréglements de mes femmes, je sais aussi les punir. On le prévint & il
fut empoisonné. Il mourut dans la quatorzie- 54
me année de son regne & dans la soixante-quatrieme de son âge.

CHAPITRE VI.

Néron.

On a tort de louer les premieres annés du regne de Néron.

PRÉSENTÉ par Burrhus aux gardes prétoriennes, Néron, à l'exemple de Claude, fit des largesses & fut salué empereur. Il vint ensuite au sénat qui avoit confirmé le choix des soldats, & on crut, au plan de gouvernement qu'il se proposoit, qu'on alloit voir renaître les temps d'Auguste.

Malheureusement ce plan n'étoit que dans le discours que Sénéque avoit composé, & Néron n'étoit capable ni de penser, ni d'agir comme on le faisoit parler. Il est vrai qu'on loue les cinq premieres années de son regne. On rapporte, comme une preuve de clémence, qu'ayant à signer la mort d'un coupable, il dit: *je voudrois ne savoir pas écrire.* Mais ce mot est-peut être moins l'expression d'une ame sensible, que le langage d'un ame fausse, qui feint des sentiments qu'elle n'a pas. En effet, Néron a été vicieux de bonne heure; & si l'empire l'a ignoré pendant un temps, c'est que les affaires publiques étoient entre les mains de Sénéque & de Burrhus.

Ses amusements dans les temps même dont on fait l'éloge.

Dès les commencements de son regne, lorsque le jour tomboit, il couroit les rues, déguisé en esclave, & suivi d'une troupe de débauchés. Il pilloit les boutiques, il insultoit les uns, il chargeoit les autres, il s'exposoit à mille outrages. Dans une de ces rencontres, un sénateur qui le repoussa & qui le frappa, crut lui devoir des excuses, lorsqu'il l'eut reconnu. Néron le condamna à se donner la mort.

Le temps qu'il ne donnoit pas à la débauche, il l'employoit à faire rouler des chars d'ivoire sur une table, en forme d'hippodrome. Il faisoit de mauvais vers. Il s'étudioit à chanter comme un musicien de profession, & on voyoit dans ses goûts, la futilité de son esprit & la bassesse de son ame.

Agrippine n'a pas toute la puissance dont elle s'étoit flattée.

Agrippine qui ne l'avoit élevé à l'empire, que pour régner elle-même, voyoit avec plaisir qu'il abandonnoit tous les soins du gouvernement. Cependant elle n'en étoit pas encore au degré de puissance auquel elle aspiroit. Burrhus & Sénéque, quoiqu'ils lui dussent leur fortune, n'étoient pas faits pour se livrer servilement à toutes ses passions. Dans une audience publique, elle s'avançoit pour prendre place à côté de l'empereur; lorsque Néron, averti par Sénéque, courut au devant d'elle, & l'écarta du trône, en feignant de l'embrasser.

Sa conduite avec son fils, qu'elle veut gouverner.

Jalouse du crédit d'une affranchie dont l'empereur étoit amoureux, Agrippine éclata en reproches contre son fils, & l'aliéna tout à fait. Elle voulut ensuite le ramener à elle par des caresses: elle lui avoua qu'elle avoit été trop sévére, & elle n'eut pas honte de s'offrir pour le servir dans ses amours. Les historiens l'ont même accusée d'avoir voulu se prostituer elle-même à Néron; & cette accusation qui fait horreur, paroît avoir été fondée.

Disgrace de Pallas.

Néron ne se laissa pas tromper aux artifices de sa mere. Faux & atroce comme elle, il savoit trop de quoi elle étoit capable. Il voulut lui donner un nouveau sujet d'humiliation, & il disgracia Pallas, le confident & le complice de ses forfaits.

Emportement d'Agrippine.

Agrippine ne put plus contenir sa fureur. Elle invoquoit les mânes de Claude, elle rendoit grace aux dieux d'avoir conservé Britannicus: elle vouloit le conduire au camp: & elle menaçoit d'avouer les crimes qu'elle avoit commis pour lui ôter l'empire.

Mort de Britannicus.

Néron avoit été complice de la mort de Claude: il ne s'en cachoit pas. Il résolut d'empoisonner Britannicus. Le poison préparé en sa présence, fut donné dans un souper, & Britannicus l'eut à peine goûté qu'il tomba mort; à cette vue quelques uns se retirerent d'effroi, d'autres plus circonspects, réglerent leur contenance sur le maintien de l'empereur, qui dit sans s'émouvoir, *c'est un mal auquel il a été sujet dans son enfance, il ne faut pas s'en effrayer*, & on continua le repas. Nous ne sommes cependant qu'à la seconde année de ce regne, dont on a loué les commencements.

Agrippine paroît vouloir former un parti.

Agrippine avoit été présente à cette scéne. Malgré ses efforts pour composer son visage, elle ne put cacher son trouble. Elle voyoit ce qu'elle devoit attendre d'un fils, qu'elle avoit formé elle même pour les forfaits. Elle rechercha la faveur des tribuns & des centurions: elle eut des entretiens secrets avec les personnes qui lui étoient dévouées: elle témoigna une considération singuliere aux citoyens illustres. En un mot, elle parut travailler à former un parti.

Prêt à l'immoler, Néron paroît se réconcilier avec elle.

Néron lui ôta la garde qu'elle avoit eue jusqu'alors. Il la chassa du palais: il l'accusa de trahison; impatient de l'immoler à ses soupçons il ne différa sa vengeance, que parce que Burrhus lui promit la mort d'Agrippine, si elle étoit coupable. Sollicité par ce ministre, il consentit même à l'entendre, avant de la condamner, & il parut se réconcilier avec elle.

Néron devient amoureux de Sabina Poppea.

Néron n'osoit encore se livrer ouvertement à tous ses vices, lorsque la passion qu'il conçut pour Sabina Poppea, l'enhardit à briser tout frein; à la vertu près, cette femme avoit tout ce qui plaît dans son sexe, mais l'intérêt régloit ſeul ſes deſirs, & ſon amour n'étoit jamais qu'une ambition déguiſée.

Elle avoit d'abord épouſé Rufius, Criſpinus, de qui elle eut un fils. Dans la ſuite, éblouie du crédit d'Othon, favori de l'empereur, elle le prit pour amant, & bientôt après elle l'épouſa.

Othon ne ceſſoit de parler à Néron des charmes de ſa femme, ſoit indiſcrétion de ſa part, ſoit qu'il ſe flattât d'avoir plus de crédit lorſqu'elle ſeroit la maîtreſſe de Céſar. L'empereur la voulut voir. Elle lui plut, & elle feignit elle même d'être épriſe. Elle parut frappée de la beauté de Néron, dont la figure ſans graces, avoit d'ailleurs des difformités. Mais auſſitôt qu'elle fut aſſurée de la paſſion qu'elle inſpiroit, alors elle devint difficile & dédaigneuſe. *J'ai un mari*, diſoit-elle à Néron, *auquel je ſuis attachée, & auquel je dois l'être. Il me fait jouir de tous les avantages d'une grande fortune; & ce que j'eſtime plus encore, je trouve en lui des ſentiments nobles & généreux. Mais vous, que pouvez vous m'offrir? Si juſqu'à préſent vous avez aimé une affranchie, vous en avez ſans doute les ſentiments, & vous n'êtes pas digne de moi.* Jaloux d'Othon, l'empereur qui vouloit l'éloigner, lui donna le gouvernement de Luſitanie.

Cette femme médite la perte d'Agrippine.

Néron paroiſſoit ménager encore ſa mere, depuis qu'il s'étoit réconcilié avec elle: il en craignoit au moins les reproches, & Poppea, si elle ne ruinoit tout à fait le crédit d'Agrippine, désespéroit de faire répudier Octavie, & d'épouser l'empereur. Elle entreprit de la perdre. Combien de temps serez-vous donc en tutele, disoit-elle à Néron? non seulement, vous n'êtes pas maître de l'empire; mais encore vous ne l'êtes pas de vous-même. Car enfin, pourquoi différer notre mariage? dédaignez-vous ma figure, mes ayeux, ou mon amour? Non: mais Agrippine craint de trouver en moi une femme, qui vous dévoileroit son ambition & toute la haine que le peuple & le sénat ont conçue pour elle. Ah! s'il faut que vous soyez à votre ennemie, gardez Octavie, & rendez Poppea à son époux. J'irai au bout de l'univers avec Othon. Je pourrai entendre parler de votre honte: mais au moins, je ne la verrai pas.

Néron force sa mere de se retirer & songe aux moyens de la faire mourir.

Disgraciée une seconde fois, Agrippine fut contrainte de se retirer à la campagne, & Néron résolut de la faire mourir. Comme il n'avoit point de prétexte pour l'accuser, il songeoit aux moyens de commettre son attentat, sans pouvoir être soupçonné, lorsqu'Anicetus, affranchi qu'il avoit eu auprès de lui dans son enfance, offrit de faire construire un vaisseau qui s'ouvriroit, quand il auroit reçu Agrippine, & qui s'abymeroit dans les flots.

Ses dissimulations atroces.

Néron qui médite de sang froid les parricides, approuve l'artifice, & feignant de vouloir se réconcilier avec sa mere, il l'invite à venir à

Baïes pour célébrer avec lui les fêtes de Minerve. Il va la recevoir sur le rivage : il l'embrasse. Pendant le repas qu'il conduit à dessein, fort avant dans la nuit, il n'est occupé qu'à lui plaire : il lui parle avec confiance, il paroît l'associer aux secrets de l'empire. Enfin il la reconduit dans le vaisseau qu'il lui a préparé ; & il la quitte, après lui avoir donné de nouvelles marques de tendresse.

Mort d'Agrippine.

Le ciel étoit serein, la mer étoit calme. Agrippine qui échappa comme par miracle, ne put donc pas douter des desseins de son fils. Mais croyant devoir feindre, elle lui envoya un de ses affranchis pour lui dire le danger qu'elle avoit couru. L'empereur résolu à consommer son parricide, jette un poignard aux pieds de l'affranchi, le fait arrêter comme un assassin, envoyé par Agrippine, & ordonne sur le champ la mort de sa mere. Anicetus executa ses ordres

59

Frappe ces flancs qui ont porté Néron, dit-elle à cet affranchi, & elle expira.

Conduite de Burrhus, de Sénéque & du sénat.

Cependant Néron parut connoître l'énormité de son crime. Tourmenté par ses remords, il croyoit voir l'image de sa mere, qui le poursuivoit sans cesse. Sa raison s'égaroit : il passoit tour à tour des agitations les plus violentes à un accablement plus cruel encore. Mais tout concourut à le rassurer. Burrhus lui envoya les tribuns & les centurions, pour le complimenter d'avoir échappé aux embûches de sa mere ; plusieurs villes de Campanie lui témoignerent leur joye par leurs députés. Séneque fit lui-même la lettre que l'empereur écrivit au sénat pour se justifier. Enfin le sénat décerna des supplications, ordonna des jeux annuels, & mit au nombre des jours malheureux, celui où Agrippine étoit née.

Néron triomphe en quelque sorte de ses forfaits.

Néron, malgré les adulations qui rendoient complices de son crime Burrhus même & Séneque, doutoit encore des dispositions dans lesquelles il trouveroit le sénat & le peuple. On dissipa ses inquiétudes : on l'assura que la mémoire d'Agrippine étoit odieuse, & que depuis sa mort, il en devenoit lui-même plus cher aux Romains. En effet, les tribuns & les sénateurs vinrent en foule au devant de lui, & il alla au capitole au milieu des acclamations. C'est ainsi qu'il triompha en quelque sorte de ses forfaits.

Jeux scandaleux, dans lesquels Néron se donne en spectacle.

Désormais, il pouvoit se croire tout permis, & il se livra sans retenue à ses goûts bas & dépravés. Il engagea par des récompenses qu'il eût été dangereux de refuser, des jeunes gens des plus nobles familles, à se montrer sur le théâtre : il força des chevaliers à combattre sur l'arene : il se donna lui même en spectacle dans le cirque ; & il se produisit sur la scene dans de nouveaux jeux qu'il institua. C'étoit des farces de la derniere indécence, où l'on voyoit parmi les histrions, des hommes qui avoient passé par les magistratures. Pendant qu'il chantoit, un grand nombre de chevaliers, qu'il nommoit la troupe d'Auguste, faisoient retentir le théâtre de leurs applaudissements; & des soldats préposés pour observer la conduite des spectateurs, menaçoient ceux qui auroient paru ne pas se plaire à ces jeux; forcé de s'y trouver, Burrhus gémissoit & applaudissoit.

Mort de Burrhus. Ses successeurs dans le commandement.

62

Pendant ces scandales, ce capitaine mourut; & Néron soupçonné de l'avoir fait empoisonner, lui donna pour successeurs dans le commandement des gardes prétoriennes, Fanius Rufus, qui n'avoit ni vices ni vertus, & Sophonius Tigellinus, homme abymé de débauches.

Retraite de Sénéque.

En perdant Burrhus, Sénéque perdit un appui. Seul en bute aux courtisans corrompus qui entouroient Néron, il n'ignoroit pas qu'on lui reprochoit ses richesses, sa faveur auprès des citoyens, & son mépris pour les goûts du prince. Il se retira de la cour, après avoir offert à l'empereur de lui rendre tous les biens qu'il avoit reçus: offre qui ne fut pas acceptée.

Néron épouse Poppéa. Octavie est égorgée.

Alors Tigellinus eut toute la faveur, & Néron ne fut plus approché que par des hommes dévoués, comme lui, aux débauches & aux crimes de toute espèce. Sûr désormais d'être généralement approuvé, quoiqu'il pût entreprendre, il épousa Poppea. Octavie, dont la conduite étoit irréprochable, fut répudiée, exilée, égorgée; & le sénat ordonna des supplications. C'est ainsi que tous les jours plus servile, il rendoit grace aux dieux, pour chaque meurtre que l'empereur avoit ordonné.

Quelque temps après, un incendie qui dura six jours & sept nuits, consuma presque Rome entiere; de quatorze quartiers, quatre seulement n'essuyerent aucun dommage: trois furent entierement détruits, & il ne resta que quelques vestiges des autres. Les historiens accusent Néron d'en avoir été l'auteur. Il est au moins certain, que des gens à lui empêchoient d'éteindre le feu, & disoient agir par ses ordres: soit qu'il en eût donné, soit qu'ils voulussent piller impunément. Le bruit se répandit même que, du haut d'une tour, il avoit chanté l'embrasement de Troye, se faisant un spectacle de Rome en proye aux flammes; au reste, il rebâtit la ville sur un nouveau plan, & il éleva pour lui un palais dont l'étendue & la magnificence sont à peine concevables.

Incendie de Rome.

Ruiné par ses dissipations, il se livra plus que jamais aux rapines; il faisoit mourir les citoyens dont il vouloit la dépouille; il fouloit les provinces, & il pilloit les temples.

Rapines de Néron.

Sur ces entrefaites, une conspiration qu'il découvrit, fournit de nouvelles proyes à son avarice & à sa cruauté. Ce fut un crime de s'être entretenu avec un conjuré, de s'être trouvé à un même repas, non-seulement de l'avoir salué. Il ne donnoit qu'une heure à

Conspiration découverte. Nouvelles cruautés.

Mort de Sénèque.

ceux qu'il condamnoit. Sénéque accusé d'avoir trempé dans la conspiration, eut ordre de mourir; il se fit ouvrir les veines. Après tant de meurtres, le sénat, suivant sa coutume, décerna des supplications, ordonna des jeux & bâtit des temples.

Vainqueur dans tous les jeux de la Grece, Néron Triomphe.

67

L'avant derniere année de son regne, car il est temps de vous en faire prévoir la fin, il parcourut la Grece, jaloux de vaincre dans tous les jeux. A son retour en Italie, il entra dans les villes par la breche; & il parut à Rome dans le même char, dans lequel Auguste avoit triomphé; toutes les rues étoient illuminées: on brûloit des parfums sur son passage, & le peuple crioit: *Auguste, Auguste, vainqueur aux jeux Olympiques, vainqueur aux Pythiens. A Néron l'Hercule, à Néron l'Apollon, seul vainqueur dans tous les jeux, seul depuis tous les siecles; Auguste, Auguste, voix divine, heureux ceux qui vous entendent.*

Il perd l'empire & la vie.

68

Enfin ce monstre avoit trop long-temps abusé de la complaisance servile des Romains. Vindex, Gaulois d'illustre origine, en fit [illegible] ce; il souleva les Gaules où il étoit propréteur, & Galba gouverneur d'Espagne, [illegible] il offrit l'empire, prit le titre de lieutenant du sénat & du peuple Romain; à cette nouvelle, les provinces se déclarent: Rome qui souffroit de la cherté, éclate en murmures;

& Néron abandonné de ses gardes, s'enfuit & se cache dans la maison d'un de ses affranchis.

Cependant le sénat le poursuit comme ennemi de la patrie, & le condamne au supplice des Anciens. Néron qui ignoroit, en quoi consistoit ce supplice, tremble, lorsqu'il apprend qu'il sera dépouillé, attaché à un poteau, battu de verges, précipité du roc Tarpéïen, & traîné dans le Tibre. Il voulut alors essayer de deux poignards; mais il ne montra que de la pusillanimité; il ne se tua que lorsqu'il alloit être découvert & saisi, ou plutôt il se laissa tuer par son secrétaire. Il avoit trente ans, il en a regné quatorze.

LIVRE TREIZIEME.

CHAPITRE PREMIER.

Galba.

Quel étoit l'esprit des troupes à la mort de Néron.

68

PENDANT les guerres civiles qui ont ruiné le gouvernement républicain, les généraux étoient au moins assurés de l'obéissance des troupes. Elles se donnoient à eux; mais elles n'avoient pas encore perdu tout esprit de subordination; & à quelque récompense qu'elles osassent prétendre, elles n'imaginoient pas que le pillage de Rome même, dût être le prix de leurs services; elles conservoient encore quelque respect pour la capitale de l'empire.

Tout a changé, Le despotisme sanguinaire d'une suite de tyrans a effacé jusqu'aux noms des anciennes familles, & une longue servi-

tude

tude a achevé d'étouffer tout sentiment. Un sénat avili, un peuple esclave, & des richesses immenses, voilà ce que Rome offre à l'avidité des soldats, & ils en sont deja les maîtres; ils n'ont pas besoin de courage. Les gardes prétoriennes qui font trembler cette capitale, n'en ont pas : elles sont amollies, elles-mêmes, mais elles ont des armes.

Galba avoit été proclamé hors de Rome. Les armées apprirent donc qu'elles pouvoient à leur tour vendre l'empire; & les soldats, par conséquent, ne songerent plus qu'au prix qu'ils en pourroient retirer. Il leur importera peu de choisir l'empereur, de le connoître même; il leur suffira de le faire; ne voulant un chef que pour vaincre, ne voulant vaincre que pour piller, & ne connoissant plus de maître, lorsqu'ils auront vaincu. Nous pouvons prévoir que plusieurs empereurs, crés en même temps, se disputeront le siege de l'empire; que les armées se raviront tour-à-tour, les richesses des citoyens; & que Rome sera plus d'une fois la proye des soldats.

Galba avant qu'il parvint à l'empire.

Servius Sulpicius Galba étoit d'une famille ancienne & illustre. Parvenu aux honneurs avant le temps, il commanda, avec différents titres dans plusieurs provinces; & il acquit une réputation qui le fit juger digne de l'empire, tant qu'il ne fut pas empereur. Assez politique pour ne pas donner d'ombrage à Néron, il vécut dans la retraite, jusques vers le milieu du regne de ce prince; ayant ensuite obtenu l'Espagne Tarragonoise qu'il gouverna pendant huit ans, il tint une conduite fort inégale. D'abord occupé de ses devoirs avec zele, il se relâcha dans la suite, disant que personne n'est obligé de rendre compte de son oisiveté.

Défauts de ce prince.

Incapable de choisir ses amis & ses affranchis, il s'accommodoit de ceux qui étoient bons, il souffroit ceux qui étoient méchants; & parce qu'il étoit également foible avec les uns & les autres, il se croyoit humain & généreux, quoique cruel, lorsqu'il voulut être sévere, & avare, lorsqu'il vouloit être économe : il avoit soixante-douze ans, lors de son avenement. Avec l'âge, sa foiblesse n'avoit pu que s'accroître.

Les légions de Germanie le reconnoissent malgré elles.

Vindex étoit mort, Verginius qui commandoit dans la haute Germanie, s'étoit refusé aux instances des soldats qui lui offroient l'empire; & lorsque Galba eut été reconnu à Rome, il força, en quelque sorte, les légions à lui prêter serment.

Conspiration.

Cependant une conspiration se formoit. Nimphidius, collegue de Tigellinus dans la préfecture des gardes, en étoit le chef; & il songeoit à se faire proclamer empereur, lorsqu'il périt dans une sédition de soldats.

Galba aliene plusieurs sol-

Galba auroit donc pu s'appercevoir qu'il ne réunissoit pas encore tous les vœux, & que, par conséquent, il avoit des ménagements à garder. Il n'en garda point; il traita durement plusieurs peuples d'Espagne & des Gaules, pour avoir balancé à se déclarer en sa faveur. Il prit en chemin Verginius, lui ôta le commandement, & l'emmena avec lui. Quoique la probité de ce général fût reconnue, la considération dont il jouissoit auprès des troupes, le rendit suspect à l'empereur, naturellement soupçonneux.

dats.

Il ôte le commandement à Verginius.

Arrivé à Rome, ce prince confirma l'opinion qu'on avoit de sa sévérité; il fit punir sans les entendre, ceux qu'on accusoit d'avoir trempé dans la conspiration de Nimphidius. Il décima des troupes, qui s'obstinoient à vouloir servir dans les légions plutôt que dans la marine; enfin il cassa la cohorte des soldats germains, que les Césars avoient prise pour leur garde, & il la renvoya sans récompense. Il exerçoit le despotisme avec les troupes: cette conduite n'étoit pas prudente.

Il exerce le despotisme avec les soldats.

Il étoit gouverné par trois hommes qui ne le quittoient point & qu'on nommoit ses pédagogues, Icetus, affranchi plus avide qu'aucun de ceux de Néron, Vinius qui mérita la prison sous Caligula, & Laco, homme arrogant, qui paroissoit n'avoir d'autres regles, que de s'opposer aux conseils qu'il n'avoit pas donnés. Mais pour mieux juger des révolutions

Ministres qui le gouvernent.

qui se préparoient sous ce vieil empereur, il est nécessaire de considérer quelle étoit la disposition des esprits à Rome, dans les armées & dans les provinces.

Sentiments divers à la mort de Néron.

La fin de Néron avoit d'abord causé une joye universelle, parce que le premier mouvement de la multitude est d'obéir à l'impression qu'elle reçoit. Mais comme tous les citoyens n'étoient pas réunis par un même intérêt, le sénat, le peuple, les cohortes prétoriennes & les armées, se livrerent bientôt à des sentiments différents.

Quelques citoyens se faisoient illusion sur Galba.

Les sénateurs crurent qu'ils alloient recouvrer la liberté sous un prince de l'âge de Galba, jugeant qu'il seroit plus amoureux de son repos, que jaloux de l'autorité. Ils ne prévoyoient pas que ce prince leur donnoit plus d'un maître. Les principaux de l'ordre équestre & la partie la plus saine du peuple étoient dans la même illusion.

D'autres regrettoient Néron.

Cependant Néron emportoit les regrets de la populace, à laquelle il ne falloit que des jeux, & ceux encore des hommes qui perdus de dettes & des débauches, avoient mis en lui toute leur ressource.

Dispositions des gardes prétoriennes.

Les gardes prétoriennes, attachées de tous temps aux Césars, ne l'avoient abandonné que parce qu'on leur avoit dit qu'il s'étoit enfui; elles craignoient de s'être laissés surprendre; elles craignoient dans Galba une réputation de sévérité: elles n'attendoient rien de son avarice;

& elles présumoient que les faveurs seroient plutôt pour l'armée qui l'avoit élu. Non-seulement, on ne leur avoit rien donné; mais Galba désavouant les promesses qu'on leur avoit faites en son nom, dit qu'il choisissoit les soldats, & qu'il ne les achétoit pas : mot courageux qui ne convenoit, ni à son caractère, ni aux temps où il regnoit; enfin la mort de Nimphidius n'avoit pas éteint tout esprit de sédition. Les complices de ce chef vivoient dans la crainte d'être découverts & punis; & en général, les soldats desiroient des troubles, pendant lesquels ils faisoient valoir leurs prétentions, bien mieux que dans la paix.

Deux meurtres rendent Galba odieux.

Les esprits étoient dans ces dispositions, lorsqu'on apprit les meurtres de Clodius Macer, & de Fonteius Capito. Le premier qui commandoit en Afrique, étoit, en effet, coupable de révolte, & il avoit été tué par ordre de Galba. Le second le fut par ses lieutenants, Cornelius Aquinus, & Fabius Valens, qui n'avoient pas reçu d'ordres, & qui l'accusoient d'avoir voulu soulever les légions de la basse Germanie. Bien des personnes pensoient que Capito, plongé dans la débauche, n'étoit pas capable d'une pareille entreprise. On soupçonnoit ses lieutenants de ne l'avoir assassiné, que parce qu'ils n'avoient pu lui persuader de prendre les armes; & on disoit que Galba, n'osant approfondir la vérité, les avoit approuvés. Quoiqu'il en soit, on reprocha généralement ces deux meurtres à Galba, & il en devint plus odieux.

Les généraux de l'orient pouvoient aspirer à l'empire.

L'orient étoit tranquille; il y avoit sept légions: quatre en Syrie, sous les ordres de Licinius Mucianus, & trois en Judée, sous ceux de Flavius Vespasianus, que Néron avoit chargé de la guerre contre les Juifs. Ces deux généraux étoient dans une position à pouvoir aspirer à l'empire, ou du moins à pouvoir le donner. Nous aurons bientôt occasion d'en parler.

L'Egypte devoit se declarer pour eux.

Depuis Auguste, les empereurs gouvernoient l'Egypte par un simple chevalier. Ils n'osoient confier aux premiers citoyens cette province, dont l'abord étoit difficile, & qui étoit un des greniers de l'Italie. Afin même d'en ménager les habitants qui portoient impatiemment le joug étranger, ils avoient voulu que le gouvernement ne parût point changé à leurs yeux, & que le gouverneur en fût comme le roi. Celui même qui commandoit dans cette province, du temps de Galba, étoit un Egyptien, nommé Tibérius Alexander. Elle étoit soumise, ainsi que l'Afrique, depuis la mort de Macer, ou plutôt elle étoit tranquille; mais si l'orient se soulevoit, il l'entraînoit dans la révolte.

Provinces qui ne faisoient point crain-

Clavius Rufus, orateur estimé, commandoit en Espagne; il n'y avoit rien à craindre de sa part: peu expérimenté dans la guerre, il aimoit l'étude & la paix. Mais tous les peuples de cette province ne paroissoient pas également bien disposés pour Galba.

dre de révolutions.

Les légions de la Bretagne ne songeoient point à troubler l'empire, soit à cause de leur éloignement, soit parce que c'étoit assez pour elles de contenir les peuples de cette île.

Quelques provinces, telles que la Mauritanie, la Rhétie, la Norique & la Thrace, étoient chacune trop foibles pour oser les premieres, lever l'étendard de la révolte.

L'armée d'Illyrie avoit offert ses services à Verginius : elle pouvoit les offrir à un autre. Mais c'est dans les Gaules, & sur-tout, dans la Germanie que les troubles devoient naturellement commencer; parce que c'est dans ces provinces qu'il y avoit & plus de forces & plus de mécontentement. Des peuples Gaulois, que Galba avoit dépouillés de leurs terres, n'attendoient que le moment de la vengeance. S'il paroissoit pouvoir compter sur ceux qui avoient suivi Vindex, c'est qu'il les avoit déchargés de tout tribut, & qu'il leur avoit donné les droits de cité : bienfaits qui excitoient la jalousie des légions de Germanie, & qui, par consequent, les aliénoient. D'ailleurs ces légions pensoient que Galba n'oublieroit pas qu'elles avoient balancé à le reconnoître, & elles songeoient aux moyens de n'avoir pas à le craindre.

Provinces qui en faisoient craindre.

Généraux auxquels Galba les avoit confiés.

Les généraux étoient peu capables de les contenir. Hordéonius Flaccus, qui avoit succédé à Verginius, commandoit l'armée du haut Rhin. Vieux, infirme, sans vigueur, il étoit généralement méprisé des soldats.

Après la mort de Capito, Vitellius prit le commandement dans la basse Germanie. Fils de ce Vitellius qui se deshonora sous Claude, il avoit été élevé auprès de Tibere, auquel il se prostituoit; & il avoit contracté de bonne heure les vices les plus crapuleux. Voilà donc le choix que Galba faisoit de ses généraux.

Circonstances dans lesquelles les légions du haut Rhin se souleverent.

Pendant qu'il négligeoit les provinces, il ne gouvernoit pas la capitale avec plus de sagesse. Ses ministres qui abusoient, tour-à-tour, de sa foiblesse, sembloient se hâter de profiter d'un regne qui devoit être court, & il n'y avoit qu'un cri contre leurs rapines. C'est dans ces circonstances, qu'il apprit que les légions du haut Rhin avoient brisé ses images, & qu'elles invitoient le sénat & le peuple à proclamer un autre empereur.

Galba adopte Pison.

Le danger étoit pressant; il ne restoit d'autre ressource à Galba, que d'associer à l'empire un homme dont les vertus ôteroient tout prétexte aux séditieux; il adopta L. Piso Frugilicianus.

69

Mais ce ne fut pas dans le sénat, ce fut dans le camp qu'il fit cette adoption. Il paroissoit donc reconnoître que les soldats avoient le droit de faire les empereurs, & cependant il ne leur promit aucune gratification; ignoroit-il qu'on ne pouvoit se les concilier que par des largesses?

Othon aspire à l'empire.

Othon, que Néron avoit envoyé en Lusitanie, s'étoit le premier déclaré pour Galba; il l'avoit accompagné à Rome, dans l'espérance d'en être adopté; & il avoit tout tenté pour réussir dans ce projet. Entierement ruiné, il restoit avec des dettes immenses & un luxe qui eût été à charge dans un empereur; de sorte que l'empire étoit pour lui une ressource, plutôt qu'un objet d'ambition. Il jugea devoir saisir le moment, où l'autorité de Pison commençoit à peine, & où celle de Galba étoit chancelante.

Deux soldats le lui donnent.

Deux soldats entreprirent de disposer de l'empire, & ils en disposerent. Il n'y en avoit encore que vingt-un qui étoient entrés dans la conjuration, lorsque le 15 janvier, cinq jours après l'adoption, ils se rassemblerent au milliaire doré, où Othon se rendit. Ils le saluerent empereur, & le porterent au camp; telle fut la disposition des esprits, que tous approuverent cet attentat, ou le souffrirent.

Le peuple & les grands dans cette conjoncture.

Le peuple, à cette nouvelle, accourt au palais: il demande la mort d'Othon, & Galba délibere, incertain du parti qu'il doit prendre. Cependant le bruit se répand que ce chef des séditieux vient d'être tué; un soldat qui se présente avec une épée ensanglantée, dit l'avoir tué lui-même. *Qui vous en a donné l'ordre*, répond l'empereur ? & les grands, qui se précipitent alors au devant de lui, se plaignent qu'on leur ait enlevé la gloire de le venger.

Mort de Galba & de Pison.

Enfin Galba & Pison sortent; ils rencontrent sur la place les gardes prétoriennes. Ils meurent percés de coups, Vinius périt dans le tumulte. Lacon fut tué par l'ordre d'Othon, & on réserva Icétus pour être exécuté publiquement. Galba a regné sept mois & quelques jours, à compter de la mort de Néron.

CHAPITRE II.

Othon.

OTHON n'étoit pas encore sorti du camp, lorsque les sénateurs, les chevaliers, & le peuple accoururent avec les démonstrations d'une joye d'autant plus vive, qu'elle étoit peu sincere. Ils insultoient à la mémoire de Galba; ils rendoient graces aux gardes prétoriennes, & ils s'humilioient à l'envi devant l'assassin, dont un moment auparavant ils avoient demandé la mort. Othon parut ignorer les outrages qu'on lui avoit faits, & depuis il n'en témoigna aucun ressentiment.

Le sénat & le peuple s'humilient devant Othon

Maître du sénat & du peuple, il ne l'étoit pas egalement des troupes. Pour sauver Marius Celsus, consul désigné, que sa fidélité pour Galba leur rendoit odieux, il fut contraint de le faire charger de chaînes, feignant de le reserver à de plus grands supplices. Tout fut ensuite à la disposition des soldats. Ils donnerent la préfecture de Rome à Flavius Sabinus, frere de Vespasien; & ils choisirent pour préfets du prétoire, Plotius Firmus, & Licinius Proculus.

Les soldats disposent de tout.

Consternation des Romains qui se voyent menacés d'une guerre civile.

Le souvenir des anciens déréglements d'Othon faisoit trembler pour l'avenir, lorsqu'une guerre civile qui se préparoit, répandit une consternation générale.

Quelques jours avant le meurtre de Galba, les légions de Germanie, dont nous avons vu le mécontentement, avoient donné l'empire à Vitellius, & elles marchoient déja sous les ordres de deux lieutenants qui les avoient soulevées. Fabius Valens, avec quarante mille hommes, avoit pris sa route par les Gaules & par le mont Cenis: Alienus Cecina, avec trente mille s'avançoit, par les passages, qu'on nomme aujourd'hui le grand St Bernard.

On se rappelloit les anciennes guerres civiles, les proscriptions, les provinces dévastées, les plus belles contrées de l'Italie données en récompense aux soldats. Mais enfin, disoit-on, l'empire a subsisté sous César, il a subsisté sous Auguste; & aujourd'hui il semble que ce soit pour sa ruine, qu'Othon & Vitellius prennent les armes. Pour lequel formera-t-on des vœux? On sait seulement que le vainqueur, quel qu'il soit, est celui des deux qu'on doit redouter davantage. Quelques-uns tournoient les yeux du côté de l'Orient, & présageoient une autre guerre qu'on ne craignoit pas moins, parce que la réputation de Vespasien étoit encore équivoque.

Othon cependant contre l'attente de tout le monde, se donnoit uniquement aux soins du gouvernement ; mais il ne rassuroit pas. Ses vertus, dont les circonstances lui faisoien une nécessité, faisoient craindre le retour de ses vices.

Othon montre des vertus, qui ne rassurent pas.

Vitellius n'étoit pas seulement capable de ces vertus forcées & passageres. Abrutie dans la crapule, son ame, comme son corps, étoit, pour ainsi dire, sans action, & il falloit que les soldats prissent sur eux les fonctions du général.

Vitellius n'en montre point.

Comme le peu de confiance qu'on avoit aux talents militaires de l'un & de l'autre, ne permettoit pas de prévoir de quel côté seroit la victoire, on n'osoit prendre ouvertement un parti : on auroit craint de s'être déclaré contre le vainqueur. Dans le sénat, où c'étoit une nécessité d'ouvrir un avis, & où il n'étoit pas possible de ménager à la fois Othon & Vitellius, chacun eût voulu parler, & personne n'eût voulu être entendu : ce n'étoit que dans les moments de tumulte que les sénateurs montroient quelque assurance.

Les Romains n'osent se déclarer ouvertement ni pour l'un ni pour l'autre.

Sur ces entrefaites, une sédition qui s'éleva tout-a-coup, répandit de vives alarmes dans la ville. Varius Crispinus, chargé de faire porter des armes à une cohorte qu'Othon faisoit venir d'Ostie, crut devoir choisir la nuit pour exécuter cet ordre avec plus de tranquillité. Cette précaution même occasionna la sé-

Sédition qui répand l'alarme dans Rome.

dition; un transport d'armes, à pareille heure, parut suspect à des soldats ivres. Ils jugent qu'Othon est trahi par le sénat: ils se saisissent des armes: ils tuent les tribuns & les centurions qui les veulent contenir: ils demandent que les sénateurs leur soient livrés, & ils marchent au palais.

Ce jour même, Othon avoit à souper chez lui les citoyens les plus distingués. Effrayés au bruit que font les soldats, les soupçons qui s'offrent tout-à-coup à leur esprit, redoublent leur effroi. Ils ne savent s'ils doivent s'enfuir, & ils observent la contenance d'Othon qui craint lui-même & qui se hâte de les congédier. Ils se sauvent à la faveur des ténébres. Cependant les soldats forcent les portes, pénétrent jusqu'à l'empereur, se laissent à peine fléchir, & se retirent à regret.

Discours d'Othon aux séditieux.

Le lendemain Othon se rendit au camp. Trop de sévérité pouvoit aliéner les soldats, trop d'indulgence pouvoit les enhardir à tout oser: la conjoncture étoit délicate. Le discours que Tacite fait tenir à l'empereur, la peint trop bien pour le passer sous silence.

Je ne viens point, dit Othon, animer votre zele & votre courage, vous avez assez prouvé l'un & l'autre; je viens, au contraire, vous demander d'y mettre des bornes. Ce sont ces sentiments qui, pour n'être pas réglés, produisent parmi vous ces désordres, qui sont dans les autres armées, l'effet de la haine, de la cupidité, de la désobéissance ou de la crainte : car les meilleurs motifs ont des suites funestes, lorsque la prudence ne dirige pas nos démarches. Nous allons commencer la guerre. Faudra-t-il donc délibérer toujours en public, & ne rien entreprendre que chacun n'ait donné son avis ? l'occasion qui passe rapidement, le permet-elle ? n'est-ce pas une nécessité de traiter bien des choses dans le secret ? & y aura-t'il quelque subordination dans une armée, si tous sont en droit de demander compte des ordres qu'on leur donne ? un ou deux séditieux tremperont les mains dans le sang de leurs officiers, & ils porteront le tumulte jusques dans la tente de leur général. Je dis un ou deux : car je ne crois pas que la derniere sédition ait eu un plus grand nombre de chefs. C'est en ma faveur, à la vérité, qu'elle a été excitée : mais dans les tenébres & dans le tumulte, ne pouvoit-elle pas tourner contre moi même ? Que pouvoit nous souhaiter Vitellius, sinon que l'esprit de discorde soulevât le soldat contre le centurion, & le centurion contre le tribun ? c'est l'obéissance des troupes qui assure le succès d'une guerre ; & l'armée la plus soumise, est la plus redoutable. Laissez moi le soin de vous conduire : ne soyez jaloux que de montrer votre courage. Peu sont coupables : deux porteront la peine du crime ;

que les autres oublient les désordres honteux de la nuit derniere ; qu'aucune armée n'apprenne, que vous tenez contre le sénat, l'ame, l'ornement de l'empire, des discours menaçants, que les Germains armés pour Vitellius, n'oseroient tenir eux mêmes. Faut-il que des Romains ayent demandé la ruine d'un ordre, dont la gloire nous donne tout l'avantage sur cette horde que Vitellius a formée d'un ramas de nations ? car enfin, le sénat étant pour nous, la république est où nous sommes, & nos ennemis sont les siens ; de son salut dépendent l'éternité de l'empire, la paix de l'univers, votre conservation & la mienne. Conservons-le à nos descendants avec tout l'éclat qu'il a reçu de nos ancêtres ; & songez qu'on choisit les sénateurs parmi vous, comme on choisit les princes parmi les sénateurs.

Cette sédition fait voir l'état où étoit la discipline militaire.

Je me suis arrêté, Monseigneur, sur cette sédition, afin de vous faire connoître l'état où étoit alors la discipline militaire. Vous voyez que les généraux n'avoient plus d'autorité, & que les soldats, sans subordination, s'armoient contre la fortune & la vie des citoyens. Voilà principalement ce qui caractérise la guerre qui va commencer.

Les provinces se déclarent pour Othon, ou pour Vitellius suivant

Othon apprit que les légions de Dalmatie, de Pannonie, & de Mœsie lui avoient prêté serment ; & peu de jours après, il sut que l'Espagne, l'Aquitaine, & la Gaule Narbonnoise s'étoient s'étoient déclarées pour son ennemi. Ce n'est pas que ces provinces fussent plus attachées à l'un qu'à l'autre : mais elles craignoient davantage celui qui les menaçoit de plus près. L'Afrique & l'Orient paroissoient reconnoître Othon, soit par respect pour le sénat, soit parce qu'on y avoit appris sa proclamation avant celle de Vitellius.

vant qu'elles craignent l'un ou l'autre.

Cependant Cecina & Valens avançoient, laissant sur toute leur route des traces de leur avarice & de la licence des soldats. Othon qui avoit fait ses préparatifs, harangua le peuple avant de partir. Il établit ses droits sur le consentement des deux ordres : il parla avec circonspection des légions qui s'étoient déclarées contre lui, ne les accusant que d'erreur ; & il ne fit aucune mention de Vitellius, soit modération de sa part, soit politique de la part de Galerius qui avoit fait la harangue, il laissa Salvius Titianus son frere pour gouverner Rome avec Flavius Sabinus ; & il emmena les principaux citoyens, moins pour en tirer des secours, que parce qu'il craignoit de les laisser ; de ce nombre, étoit L. Vitellius, qu'il ne traita, ni comme son ennemi, ni comme frere d'un empereur.

Modération d'Othon avant son départ de Rome.

Sa flotte fit voile vers la Gaule Narbonnoise, & il partit à la tête de son armée de terre, marchant à pied, couvert d'une cuirasse, & aussi peu recherché qu'un simple soldat. Il avoit

Il part à la tête de son armée de terre.

sous lui, pour lieutenants Suétonius Paullinus, Marius Celsus & Annius Gallus, trois capitaines estimés: mais Licinius Proculus, préfet du prétoire, avoit toute sa confiance, & c'est lui qui la méritoit le moins.

Il n'y a point de subordination dans ses troupes.

Si la flotte eût d'abord quelques avantages, ce fut sans fruit, parce que les généraux ne conserverent aucune autorité. Les soldats en mirent un dans les fers, & ils pillerent les provinces mêmes qui s'étoient déclarées pour Othon.

Quoique l'armée de terre n'offrît pas absolument les mêmes désordres, il n'y avoit cependant ni discipline, ni subordination; les soldats se portoient pour juges des généraux, & à chaque mouvement qu'ils n'approuvoient pas, ils croioient qu'ils étoient trahis. Les meurtriers de Galba qui craignoient d'être punis, si tout autre qu'Othon avoit l'empire, étoient les premiers à former des soupçons, & à les répandre. Les choses vinrent au point que l'empereur ne sachant plus à qui donner sa confiance, écrivit à son frere de venir prendre le commandement des troupes.

Même licence dans l'armée de Vitellius.

Des deux généraux de Vitellius, Cécina avoit le premier passé les Alpes, & il étoit maître de tout le pays jusqu'au Pô. Il y avoit la même licence dans ses troupes: mais quelques revers paroissoient avoir rétabli la subordination quand Valens arriva.

Ces deux généraux ayant réuni leurs forces, il ne pouvoit plus leur venir de secours, ni de Germanie, ni des Gaules, ni d'Espagne, ni de Bretagne. Ils avoient déja ruiné les provinces qu'ils occupoient. Ils commençoient même à manquer de vivres ; & on prévoyoit que les Germains ne résisteroient pas au changement de climat, si la guerre continuoit jusques dans les chaleurs de l'été.

Etat de cette armée.

Il importoit donc à Cécina & à Valens d'en venir promptement à une action décisive, & Othon, par conséquent, devoit temporiser. C'est le conseil que lui donnoient Paullinus, Celsus Gallus. Mais Proculus & Titianus furent d'un avis contraire. Ils persuaderent même à l'empereur de ne pas se trouver à la bataille qu'on alloit livrer. On ne pouvoit pas lui faire faire une plus grande faute : en effet, les soldats qui mettoient en lui toute leur confiance, s'abandonnerent à leurs premiers soupçons. Il n'y eut plus de discipline ; les généraux perdirent toute autorité ; & l'armée fut défaite à Bédriac, entre Crémone & Mantoue.

Fautes d'Othon. Sa défaite.

Quoique vaincu, Othon n'étoit pas sans ressources. Il lui restoit assez de forces pour se flatter encore de pouvoir vaincre. Ses soldats lui montroient un zele & une ardeur qui l'invitoient à continuer la guerre. Mais son parti

Ses soldats l'invitent à continuer la guerre.

étoit pris, & il répondit aux instances de ses troupes.

Réponse qu'il leur fait. Nous nous sommes éprouvés la fortune & moi, peu de temps, il est vrai : mais j'aurai usé avec modération d'un bonheur, dont je prévoyois le peu de durée. Vitellius a commencé la guerre, je la finirai, & la postérité nous jugera. Qu'il jouisse de son frere, de sa femme, de ses enfants ; il ne me faut à moi, ni vengeance ni consolation. D'autres auront conservé l'empire, plus long-temps, aucun ne l'aura quitté avec plus de courage. Quoi! je pourrois vous exposer encore! je pourrois enlever à la république une si belle armée! non : ce seroit mettre un trop grand prix à ma vie. C'est assez que j'emporte l'idée que vous étiez prêts à vous immoler pour moi. Vivez : souffrez que je ne sois plus un obstacle à votre conservation, & cessez de vous opposer à la résolution que j'ai prise.

Sa mort. Après ce discours, il les invita à ne pas aigrir le vainqueur par un plus long retardement ;
69 parlant avec autorité aux plus jeunes, employant les prieres avec les plus âgés, les consolant tous, & ne montrant ni crainte, ni trouble, ni altération. Il brûla les écrits trop flatteurs pour lui, ou trop injurieux pour Vitellius ; il distribua de l'argent avec économie, & non comme un homme qui va cesser de vivre. Enfin, assuré du départ de ses amis, il

passa une nuit tranquille : on assure même qu'il dormit, & à la pointe du jour il se perça le cœur.

Ainsi finit Othon, après trois mois de regne. Il étoit dans sa trente-huitieme année. Sa mort l'a rendu célébre ; elle fait voir au moins qu'il auroit été capable de vertus, dans un siecle où il y auroit eu des mœurs. Tacite assure qu'il gouverna la Lusitanie avec intégrité.

CHAPITRE III.

Vitellius.

Le sénat rend graces aux légions qui dévastent l'Italie.

69

LE sénat se conduisit avec les légions de Germanie, comme il avoit fait avec les gardes prétoriennes : il leur rendit graces, & cependans ces légions dévastoient les campagnes, pilloient les villes & profanoient les temples. Les généraux ne pouvoient les réprimer, ou ne le vouloient pas. Valens, sur-tout, fermoit les yeux sur les rapines des soldats, parce qu'il étoit lui-même d'une avidité insatiable.

Intempérance & férocité de Vitellius.

Vitellius étoit encore dans les Gaules, & déja on le proclamoit à Rome : il venoit lentement. Son intempérance retardoit sa marche ; toujours plongé dans le vin, il sembloit arriver pour se baigner dans le sang. A Bedriac, à la vue des cadavres qui infectoient l'air, il dit : *un ennemi mort sent toujours bon.*

Son arrivée à Rome.

A son approche, les sénateurs & les chevaliers, soit crainte, soit adulation, s'empresserent d'aller au devant de lui. Aucun citoyen connu n'osa l'attendre. La populace accourut, sur-tout, & avec elle, les farceurs, les histrions, & tout ce que Rome avoit de plus corrompu; c'est avec ce cortége qu'il se montra dans la capitale, où la licence ruina son armée. Toujours ivres, à son exemple, les soldats commettoient toutes sortes de violences, & tournoient leurs armes les uns contre les autres.

Ses troupes s'amollissent.

Il dispersa les troupes qui avoient servi sous Othon, cassa les gardes prétoriennes qu'il redoutoit, & il retint en Italie les légions qu'il avoit amenées de Germanie. Il ne les fit pas camper, il les répandit dans les villes, où elles s'amollirent promptement. Sans discipline, elles vivoient dans la débauche.

Cécina, Valens, & un affranchi partagent sa faveur.

Toute la puissance fut entre les mains de Cécina & de Valens qui se méprisoient mutuellement, & qui jaloux de se surpasser en richesses & en faste, ne pouvoient cacher la haine qu'ils se portoient. Forcés l'un & l'autre à ménager un affranchi qui partageoit la faveur, ils partagerent avec lui les dépouilles de l'empire. Il y avoit à peine quatre mois que Vitellius régnoit, & déja cet affranchi égaloit en rapines ceux qui avoient le plus abusé du crédit, sous les regnes précédents.

Vespasien proclamé en orient. Ses préparatifs.

Livré à ces trois hommes, le stupide empereur s'abrutissoit de plus en plus, sans crainte, comme sans prévoyance : & cependant il n'étoit pas encore arrivé à Rome, lorsque l'Orient donnoit un nouveau maître à l'empire.

Vespasien que l'Asie venoit de proclamer, s'étoit transporté en Egypte, d'où il menaçoit d'affamer l'Italie; & Mucianus, qui l'avoit engagé à prendre les armes, marchoit à Bysance, se proposant, suivant les circonstances, de pénétrer par l'Illyrie, ou de se porter à Dyrachium. La saison ne lui avoit pas permis de tenter le trajet par mer.

Antonius Primus, qui arme pour lui, marche en Italie.

A cette nouvelle que Vitellius feignoit de ne pas croire, les légions d'Illyrie, de Pannonie & de Dalmatie se déclarerent pour Vespasien. Deux consulaires vieux & riches, qui commandoient dans ces provinces, ne prirent aucune part à leur soulevement. Ce fut le chef d'une simple légion, Antonius Primus, qui se mit à la tête des troupes, & qui les conduisit en Italie; cependant il n'avoit point reçu d'ordre. Au contraire, Vespasien vouloit qu'on attendît Mucianus. Primus d'abord flétri & chassé du sénat, avoit recouvré la dignité de sénateur pendant les derniers troubles. Éloquent, audacieux, ravisseur, dissipateur, il avoit les vices & les talents, qui font d'un chef de parti un homme tout à la fois utile & dangereux.

Etat de l'armée de Vitellius.

Vitellius enfin, ne pouvoit plus se cacher le danger qui le menaçoit. Il arma: mais les Germains énervés par les débauches, n'avoient plus les mêmes forces, ni le même courage. Ils marchoient lentement, sans ordre, sans discipline. La chaleur, la poussiere, le poids des armes, tout les incommodoit.

Elle est défaite.

Cette armée avoit pour général Cécina, qui jaloux du crédit de Valens, étoit parti dans le dessein de trahir Vitellius. Il est vrai qu'il ne sut pas conduire cette entreprise avec assez d'adresse. Ses soldats le mirent dans les fers, & choisirent deux autres généraux; mais cette révolution ayant jeté le désordre dans l'armée, Primus qui en profita eut l'avantage dans plusieurs combats, & se rendit maître de Crémone qu'il livra au pillage. Cette ville fut consumée par les flammes.

Mort de Valens.

Valens qui étoit parti de Rome, auroit pu joindre l'armée avant la défection de Cécina. mais aussi intempérant que Vitellius, il marchoit avec la même lenteur; & il n'étoit encore qu'en Etrurie, lorsqu'il apprit le sac de Crémone. Quelques jours après s'étant embarqué pour la Gaule Narbonnoise, d'où il comptoit revenir avec de nouvelles forces, il tomba entre les mains des ennemis, & il perdit la vie.

Combats à l'arrivée de Primus à Rome.

La mort de Valens acheva de ruiner le parti de Vitellius. Abandonné de toutes ses armées, ce prince se vit réduit aux seules troupes qu'il avoit gardées auprès de lui; & Primus vint à Rome presque sans obstacles, ravageant l'Italie comme un pays de conquête. Il se livra, au dehors & au dedans des murs, plusieurs combats, dans lesquels il périt cinquante mille hommes ; & ce qu'il y eut de plus étonnant, c'est que le peuple applaudissoit, comme au cirque, aux combattants des deux partis.

Mort de Vitellius.

69

Vitellius trouvé dans la loge d'un esclave, où il avoit cru se cacher, fut exposé aux insultes du peuple, qui le mit en pieces, il a survécu huit mois à Othon.

CHAPITRE IV.

Vespasien.

LA guerre paroissoit finie, & cependant la paix ne commençoit pas encore ; maîtres de Rome, les soldats ne croyoient plus devoir obéir à un général, qui n'avoit eu le commandement, que parce qu'ils le lui avoient donné ; & Primus qui s'enrichissoit des dépouilles de Vitellius, autorisoit la licence par son exemple, bien loin de penser à la réprimer. Le sang couloit donc jusques dans les temples.

Licence des soldats sous Primus.

Mucianus arriva ; comme il n'osoit blâmer ouvertement la conduite de Primus, il le combla d'éloges en plein sénat, il lui offrit des récompenses. Il accorda des graces à plusieurs personnes à sa considération ; & lorsqu'il eut assez flatté sa vanité, il lui enleva toutes ses forces, en éloignant sous différents prétextes, les légions qui lui étoient le plus attachées. Primus fut réduit à se retirer auprès de l'empereur qui le reçut bien, mais pas aussi bien qu'il l'espéroit. Les lettres de Mucianus l'avoient

Mucianus force Primus à se retirer.

desservi, & il se nuisoit encore plus lui-même, par la hauteur avec laquelle il faisoit valoir ses services. Alors Mucianus gouverna plutôt comme collegue, que comme ministre de Vespasien; & il se rendit si odieux, qu'on lui sut à peine gré d'avoir rétabli l'ordre. Il immola plusieurs citoyens à ses soupçons.

Soulevement des Bataves, des Germains & des Gaulois.

La derniere guerre civile parut aux Germains & aux Gaulois une occasion de secouer le joug. Les Bataves leverent les premiers l'étendard, portés à la révolte par Claudius Civilis, qui descendoit des Rois du pays. Chargé de chaînes sous Néron, sous Vitellius menacé de perdre la vie, Civilis avoit ses injures à venger. Il représenta aux principaux de sa nation, que les Romains n'avoient laissé que de vieux soldats sur le haut & le bas Rhin; que leurs meilleures troupes se ruinoient en Italie; & que les Germains & les Gaulois étoient au moment de se soulever.

Il avoit été invité à s'opposer aux secours, que Vitellius entreprendroit de faire venir de Germanie. Primus lui avoit écrit lui-même à ce sujet. Civilis saisissant le prétexte qui lui étoit offert, feignit d'armer pour Vespasien; il arma contre l'empire.

Révolte des légions de Germanie contre leurs chefs.

Il eut d'abord des succès qui attirerent successivement dans son parti, les Germains & les Gaulois, & qui semerent l'esprit de sédition dans les légions Romaines. Les soldats soulevés à plusieurs reprises contre Hordéonius Flaccus qu'ils regardoient comme la cause de leurs revers, finirent par l'égorger; & sous Vocula qu'ils choisirent pour général, ils continuerent d'être indociles & séditieux.

Les Druides prédisent l'empire aux Gaulois.

Sur ces entrefaites, le capitole ayant été brûlé, les Gaulois jurerent que les dieux se déclaroient pour eux. Autrefois, disoient-ils, nous avons pris Rome; mais nous n'avons pas détruit le temple de Jupiter, & l'empire Romain a subsisté. Aujourd'hui la destruction de ce temple est une preuve que les dieux courroucés contre Rome, veulent que l'empire passe aux nations transalpines; comme les Druides prédisoient eux-mêmes cette révolution, il ne paroissoit pas qu'on en pût douter. Les premiers événements contribuerent même à donner de la confiance aux Gaulois.

Les légions romaines prêtent serment aux Gaulois.

Classicus leur chef vint camper à deux milles des légions du bas Rhin; se flattant de les associer à sa révolte, parce qu'elles refusoient de reconnoître Vespasien; en effet, elles se souleverent contre les officiers qui les commandoient, tuerent les uns, mirent les autres dans les fers, & prêterent serment aux Gaulois.

Les Gaulois se divisent. Cérialis les soumet.

Les légions du haut Rhin ayant suivi cet exemple, Classicus crut avoir jeté les fondements de l'empire des Gaules. Cependant on demandoit où seroit le siege de cet empire,

& cette question divisoit déja les peuples qui avoient pris les armes. D'ailleurs tous n'étoient pas encore entrés dans cette ligue, & plusieurs attendoient l'événement pour se déclarer, lorsque sur le bruit que Mucianus envoyoit des troupes dans les Gaules, toutes les villes, à l'exception de Treves & de Langres, abandonnerent Classicus. Les légions arriverent peu après, & Cérialis termina cette guerre.

Conduite de Domitien.

Domitien, second fils de Vespasien étoit alors à Rome. A peine venoit-il d'être créé César par le sénat, & il abusoit déja de l'autorité. Il eût pris le commandement des troupes qui partoient pour les Gaules, si Mucianus ne s'y fût opposé; il n'osa lui résister ouvertement: mais il écrivit à Cérialis pour l'engager à lui livrer l'armée. On n'a point su quel pouvoit être son dessein; quand il sut que son pere qu'il avoit irrité par sa conduite, devoit bientôt arriver, il cessa de se mêler du gouvernement, & il affecta de s'appliquer à différentes études.

Vespasien est le premier que la puissance souveraine ait changé en mieux.

Titus-Flavius-Sabinus-Vespasianus, né à Rieti de parents obscurs, employa la flatterie pour plaire à Caligula. Sous Claude, il s'éleva par le crédit de Narcisse. Sous Néron, il gouverna l'Afrique avec intégrité; il en revint ruiné, & il fut peu délicat sur les moyens de rétablir sa fortune. Simple particulier, il eut une réputation au moins équivoque : il montra des vertus sur le trône. Il est le premier que la puissance souveraine ait changé en mieux.

Il abolit la coutume où étoient ses prédécesseurs de faire fouiller les personnes qui venoient leur faire la cour. Il pardonna généralement à tous ceux qui avoient porté les armes contre lui. Sans crainte & sans soupçons, il fut accessible à tous les citoyens, & il n'écarta que les délateurs. Sur ce qu'on vouloit lui rendre suspect Metius Pompotianus, il le fit consul, disant : *si jamais il devient Empereur, il se souviendra que je lui ai fait du bien.* Il donna une dot à une fille que Vitellius avoit laissée, & il la maria convenablement. Sa générosité.

Simple dans ses mœurs, il vivoit familierement avec ses amis. Il alloit manger chez eux, & ils venoient manger chez lui. Il avoit auprès de Riéti une petite maison dans laquelle il étoit né, & où il alloit passer les étés. Il n'imagina point de l'agrandir, ni de l'embellir. Les jours solemnels il buvoit dans une petite tasse d'argent que sa mere lui avoit laissée. Il ne dissimuloit point la médiocrité de sa naissance, & il se moquoit des flatteurs qui lui cherchoient des ayeux. Le Roi des Parthes lui ayant écrit, *Arsace, Roi, des Rois, à Flavius Vespasianus* : il lui répondit, *Flavius Vespasianus, à Arsace, Roi de Rois.* Ses mœurs simples.

Sa tolérance.

Il railloit volontiers: mais il souffroit qu'on le raillât. Il vouloit qu'on lui parlât avec liberté; il ne s'offensoit même pas de l'indépendance qu'affectoient quelques philosophes. Démétrius le cynique, dédaignoit de le saluer, & ne cessoit de crier contre la monarchie: *cet homme*, disoit Vespasien, *voudroit que je le fisse mourir, mais je le laisse aboyer.*

Le Préteur Helvidius Priscus lui refusoit le prénom d'empereur, & ne faisoit aucune mention de lui dans les édits qu'il publioit. Vespasien auroit pu en être d'autant plus offensé, qu'Helvidius jouissoit d'une grande considération. Il ne l'exila néanmoins, que lorsqu'il eut été poussé à bout par les outrages qu'il en reçut publiquement. L'innocence trouvoit en lui une sauvegarde; s'il se commit des injustices, ce fut à son insu; il donnoit des larmes aux punitions les plus justes.

Il réprime la licence des soldats.

Occupé à rétablir l'ordre, il licencia une partie des troupes de Vitellius; il réprima l'autre, & il maintint dans la discipline les légions qui avoient combattu pour lui. Il s'appliqua, sur-tout, à la réforme du luxe & des mœurs, & il y contribua par son exemple.

Il réforme le luxe.

Il complete & purge l'ordre des sénateur & celui des chevaliers.

Pendant sa censure, dans laquelle il eut pour collegue, Titus son fils, il compléta l'ordre des sénateurs & celui des chevaliers, exterminés en partie par la tyrannie, ou par les guerres civiles; & il en exclut les membres indignes,

gnes, qui s'y étoient introduits à la faveur des troubles. Le dénombrement qu'il a fait a été le dernier.

Il n'a pas tenu à lui que le sénat ne reprît son premier lustre.

Sous ce regne, le sénat auroit pu reprendre son premier lustre, si Rome avoit encore eu des citoyens, dont l'ame eût été capable de quelque élévation. Vespasien communiquoit les affaires au sénat. Il y étoit assidu, il lui écrivoit, lorsqu'il ne pouvoit pas s'y rendre, & ses fils portoient eux-mêmes ses lettres.

Son avarice.

L'avarice est le seul vice qu'on lui ait reproché; en effet, il rétablit plusieurs impôts abolis sous Galba; il en ajouta de nouveaux & de plus onéreux. Il vendoit les dignités aux candidats, & l'absolution aux coupables; on prétend même qu'il élevoit aux emplois des hommes avides, afin de les pressurer, lorsqu'ils se seroient enrichis. Il ne cherchoit pas même à cacher son avarice: souvent il en faisoit un sujet de plaisanterie. Une ville lui avoit décerné une statue colossale d'un grand prix; il dit aux députés, en leur montrant le creux de sa main, *voilà la base.*

On ne la peut justifier.

L'épuisement, où il trouva le trésor public, & l'usage qu'il faisoit de ses revenus, pourroient le justifier, s'il étoit possible de justifier un souverain qui foule ses peuples. Car enfin tout l'état souffre, lorsque les impôts sont portés à l'excès; & la générosité du prince ne répare jamais que la moindre partie des maux que fait son avarice.

Usage qu'il faisoit de ses revenus.

Vespasien entretenoit les grands chemins. Il en faisoit de nouveaux, il élevoit des édifices publics, il réparoit ceux que le temps avoit endommagés. Il faisoit rebâtir les villes incendiées, ou renversées par des tremblements de terre; il soulageoit les peuples qui avoient éprouvé des calamités; enfin il soutenoit par ses largesses, les familles illustres qui avoient besoin de secours. Je ne parle pas des gratifications qu'il accordoit aux poëtes, aux rhéteurs; &, je voudrois qu'il n'eût jamais été sourd aux cris du peuple, & qu'il eût acheté moins chérement les suffrages du peuple.

Il bâtit le temple de la Paix.

Il triompha des Juifs la seconde année de son regne, & le temple de Janus fut fermé pour la sixieme fois; il bâtit celui de la Paix, dans lequel il déposa les dépouilles les plus précieuses du temple de Jérusalem; il destina cet édifice aux assemblées des gens de lettres qu'il protégeoit, & on y conserva leurs ouvrages.

Fonctions de Titus auprès de Vespasien.

Titus fut alors associé à la puissance tribunicienne, & selon quelques-uns à l'empire. Il est au moins certain qu'il faisoit auprès de son pere, les fonctions de secretaire & de ministre; il prit même le commandement des gardes prétoriennes, ce qui ne donna pas peu de lustre à cette place, occupée jusqu'alors par de simples chevaliers.

Pays réduits en provinces romaines.

Vespasien a réduit en provinces Romaines l'Achaïe, la Lycie, Rhodes, Bysance, & Samos, qu'on regardoit comme des pays libres; la Thrace, la Cilicie & la Comagene, auparavant gouvernées par des rois.

Conspiration.

Dans la dixieme année de son regne, on découvrit une conspiration, dont Alienus Cécina & Eprius Marcellus étoient les chefs. Le premier fut assassiné par ordre de Titus, & l'autre condamné par le sénat, se donna la mort.

Mort de Vespasien.

Quelques jours après, l'empereur tomba malade, & se retira dans sa petite maison de Rieti. *Il me semble*, disoit-il, *que je deviens dieu*. Quoique sa maladie empirât, il continua de donner ses soins au gouvernement, disant qu'un empereur doit mourir debout. En effet, ce fut ainsi qu'il mourut, dans la soixante-dixieme année de son âge. 79.

CHAPITRE V.

Titus.

Jeunesse de Titus.

ÉLEVÉ à la cour de Claude & de Néron, avec Britannicus, Titus eut la même éducation & les mêmes maîtres; il montra de bonne heure des dispositions à tout. Bien fait, fort, adroit, il se formoit sans efforts, à tous les exercices de son âge; une intelligence prompte & une grande mémoire le rendoient également propre à tous les genres d'étude; & il acquit une connoissance profonde des lettres grecques & latines. Dès ses premieres armes, il se distingua, on voyoit en Germanie & en Bretagne; les monuments que ces provinces avoient élevés à sa valeur & à sa modération. Ce fut lui qui acheva de soumettre la Judée.

Prévention des Romains qui le croyent un second Néron.

Tout paroissoit donc devoir prévenir en sa faveur. Aucun prince néanmoins n'est parvenu à l'empire avec une plus mauvaise réputation; on le jugeoit cruel, parce qu'il avoit en effet donné des preuves de violence; débauché, parce qu'il passoit souvent les nuits avec des jeunes gens dissolus ; avare, parce qu'on le soupçonnoit d'avoir fait un trafic de son crédit, en un mot, on disoit publiquement que ce seroit un second Néron.

Il devient l'amour & les délices du genre humain.

Quelques asservis que soient les peuples, il y a des préjugés que le despote même est forcé de respecter. A Rome, si un prince eût épousé une étrangere, il se fût rendu odieux; & voilà ce qu'on craignoit de la part de Titus. C'est, peut-être, aussi ce qui prévint contre lui, en effet, il aimoit Bérénice, fille d'Agrippa dernier Roi de Judée : il en étoit aimé : elle logeoit dans le palais, & elle se conduisoit déja, comme si elle eût été la femme de l'empereur. Titus la renvoya : il écarta les jeunes gens qui manquoient de mœurs : il s'attacha les citoyens éclairés & vertueux : sa conduite dissipa jusqu'à l'apparence du vice : il ne montra plus que des vertus, & il devint l'amour & les délices du genre humain.

Il confirme les graces accordées avant lui.

Sous Tibere, il fallut solliciter de nouveau pour être confirmé dans les graces qu'on avoit obtenues sous Auguste ; & depuis, chaque empereur avoit eu pour maxime de regarder comme nulles, toutes les concessions qu'il n'avoit pas ratifiées. Titus abolit cet usage, & confirma par un édit tout ce qui avoit été accordé avant lui. Cet exemple ne seroit pas bon à suivre, si on succédoit à un prince dissipateur qui auroit distribué les graces sans discernement.

Sa bienfaisance.

La bienfaisance faisoit le caractère de Titus ; elle se montroit dans tous ses réglements, & l'empire attendoit ses ordres, comme autant de bienfaits ; vous savez ce mot, Monseigneur: *mes amis, j'ai perdu un jour*! mot admirable, mais ce ne seroit pas assez de le répéter: ce ne seroit pas même assez de marquer par des bienfaits chaque jour de son regne ; un prince seroit inhumain, si pour être généreux envers ses courtisans, il surchargeoit ses peuples qui doivent être le principal objet de sa bienfaisance. Titus diminua les impôts. Il refusoit même les présents que l'usage autorisoit ; c'est son économie qui fournissoit des fonds à sa générosité.

Il n'a fait mourir aucun citoyen.

En recevant le souverain pontificat, il déclara qu'il ne l'acceptoit que pour conserver ses mains pures ; en effet, il ne versa jamais le sang d'aucun citoyen. Deux patriciens furent convaincus d'avoir conspiré contre lui : il leur fit grace, les admit à sa table, leur donna une place à côté de lui dans un spectacle de gladiateurs, & leur présenta les épées des combattants, qu'on lui avoit apportées suivant l'usage; il dépecha même un courier à la mere de l'un des deux, pour la rassurer sur le sort de son fils. Domitien qui se déclaroit ouvertement son ennemi, il le traita toujours avec les mêmes égards, & la même considération, il défendit aux magistrats de prendre connoissance des accusations de leze Majesté, aimant mieux laisser de pareils crimes impunis, que d'exposer les meilleurs citoyens à être persécutés sous ce prétexte; il ordonna, au contraire, de sévir contre les délateurs.

Villes abymées par une éruption du mont Vésuve. Titus occupé du soulagement de la Campanie.

Ce fut la premiere année de son regne, qu'Herculanum, Pompeïa, & d'autres villes furent englouties par une éruption du mont Vésuve. Les cendres volerent en Afrique, en Egypte, en Syrie; le ciel en fut couvert à Rome, & le soleil obscurci pendant plusieurs jours. Titus occupé des moyens de soulager la Campanie, assigna des fonds à cet effet; il envoya dans cette province deux consulaires pour réparer les dommages, autant qu'il étoit possible, & l'année suivante il s'y transporta lui-même.

Sa générosité lors d'un incendie.

Il y étoit encore, lorsqu'un incendie qui dura trois jours, consuma le capitole, le panthéon, la bibliotheque d'Auguste, le théâtre de Pompée & quantité d'autres édifices. Il déclara qu'il répareroit à ses frais toutes ces pertes; & pour remplir cet engagement, il vendit tout ce qu'il y avoit de plus précieux dans ses palais.

Ses soins paternels pendant une peste.

Si jamais prince n'eut plus d'humanité, aucun n'eut aussi dans un si court espace, autant d'occasions d'exercer cette vertu. L'incendie fut suivi d'une peste si cruelle, qu'à peine en avoit-on vu de semblable. L'empereur présent par tout, se montra comme le pere du peuple; donnant des secours aux uns, consolant les autres, veillant sur tous.

Il donne des jeux.

Peu de temps après, il acheva un amphithéâtre que son pere avoit commencé, & qui aujourd'hui subsiste en partie; à l'occasion de la dédicace de cet édifice, il donna des jeux pendant trois mois. Il les jugeoit nécessaires pour faire oublier les calamités passées.

Sa mort.

C'est ainsi qu'il s'occupoit du bonheur des
81 peuples, lorsqu'il fut enlevé à l'empire: nouvelle calamité, qui répandit une consternation générale & que rien ne pouvoit faire oublier; le sénat lui donna plus d'éloges après sa mort, qu'il n'avoit prodigué de flatteries à aucun prince vivant. Titus mourut dans sa maison de Rieti, âgé de quarante-un ans, après avoir regné deux ans, deux mois & vingt jours.

CHAPITRE VI.

Domitien.

Commencements de Domitien.

DOMITIEN soupçonné d'avoir empoisonné son frere, lui succéda, & affecta de le décrier. Cependant il ne fit pas d'abord connoître tous ses vices, & dans les commencements on crut voir en lui quelques vertus. Il montroit du désintéressement: il paroissoit abhorrer le sang; il sembloit s'occuper de la réforme des mœurs; & on prétend que la justice n'a jamais été administrée avec plus d'intégrité. Il étoit néanmoins peu capable de travail. Dès lors il s'enfermoit tous les jours pendant une heure, pour prendre des mouches qu'il perçoit avec un poinçon.

Sa cruauté se montre par degrés.

Sa cruauté se manifesta par degrés; dès qu'une fois il eut versé du sang, il en répandit tous les jours davantage. Ce ne fut pas assez pour lui de chercher des prétextes: ses craintes lui en firent chercher jusques dans l'avenir; il voulut avoir l'horoscope des principaux citoyens, & il fit mourir ceux à qui le sort promettoit quelque chose de grand : prouvant à la fois qu'il croyoit à l'astrologie & qu'il n'y croyoit pas, puisqu'il pensoit pouvoir en arrêter les effets.

Il se ruina en spectacles, en bâtiments, en profusions de toute espece; pour s'attacher les soldats, il leur donna une augmentation de paye. Alors ne pouvant plus suffire à ses dépenses, il se livra aux rapines, & devint plus cruel que jamais; pour être criminel à ses yeux, il suffisoit d'être accusé, quelque fût le délateur. Les actions les plus indifférentes, les paroles échappées, tout fut crime de leze Majesté; & pour insulter aux malheureux qu'il condamnoit, il parloit de clémence, lorsqu'il alloit prononcer un arrêt de mort; on redoutoit même jusqu'à ses faveurs : car il ne traitoit jamais mieux ceux avec qui il vivoit familierement, que lorsqu'il avoit résolu de les faire périr.

Jeux de ce monstre.

Il imagina un jour de donner un souper dans une salle tendue de noir avec tout l'appareil de la mort, & c'est là qu'il rassembla les principaux des sénateurs & des chevaliers. Quand ils se séparerent, il voulut qu'ils fussent accompagnés par des gens à lui : & quelques heures après il envoya encore chez eux, afin de leur donner de nouvelles frayeurs. C'étoit des présents qu'il leur faisoit: mais il se réjouissoit de les avoir alarmés; tels étoient les jeux de ce monstre.

Les délateurs répandus de toutes parts, Sa mort.
étouffoient jusqu'aux plus légeres plaintes; on
craignoit ses esclaves, ses affranchis, ses parents, ses amis; & personne n'étoit assuré d'é-
chapper à la cruauté de Domitien, ni ses affranchis, ni sa femme, ni ses confidents les 96
plus intimes. On conspira enfin, & il fut assassiné dans la quarante-cinquieme année de
son âge, après avoir regné quinze-ans; il a fait
la guerre aux Celtes, aux Daces, & aux Sarmates. Après quelques succès, il eut des revers,
& il finit par acheter la paix de Décébale, roi
des Daces.

LIVRE QUATORZIEME.

CHAPITRE I.

Nerva & Trajan.

On comprend difficilement que Rome puisse être long-temps bien gouvernée.

On a de la peine à comprendre que la nature humaine puisse être dégradée au point où elle l'a été sous les regnes de Caligula, Claude, Néron, Domitien. Mais quand on a vu ce que la tyrannie osoit se permettre, on a peut-être, plus de peine encore à comprendre que Rome puisse jamais être gouvernée par une suite de princes vertueux. Nous allons cependant commencer un siecle, où cinq empereurs ont successivement fait le bonheur des Romains.

Nerva est vertueux, mais

Les conjurés éleverent à l'empire M. Coccéius Nerva, né à Narni en Ombrie, d'une famille originaire de Crete. C'est le premier empereur qui n'ait pas été Romain, ou Italien d'origine.

trop foible.

Agé de 65 à 70 ans, Nerva, quoiqu'éclairé & vertueux parut trop foible pour le fardeau, dont il s'étoit chargé. On se plaignit que tout fut permis sous son regne, comme tout avoit été criminel sous le précédent.

Il fut allier, dit Tacite, deux choses auparavant incompatibles, la monarchie, & la liberté. Il paroît cependant qu'il ne fut pas capable de les maintenir dans un juste équilibre; un trait prouve tout à la fois sa foiblesse & sa bonté. Dans le temps même qu'il faisoit sévir contre les délateurs, il en avoit à sa table. La conversation étant tombée sur un de ces hommes infâmes, *que feroit-il aujourd'hui* demanda Nerva, *s'il vivoit encore*? quelqu'un lui répondit, *il mangeroit avec nous*, & l'empereur ne s'offensa point de cette réparrie.

Il connoît le besoin qu'il a d'un appui, & il adopte Trajan.

Les gardes prétoriennes, à qui les mauvais princes étoient toujours chers, se souleverent & demanderent la mort des meurtriers de Domitien; il ne fut pas au pouvoir de Nerva de les contenir; & on égorgea sous ses yeux ceux qui lui avoient donné l'empire. Il ne se dissimula pas sa foiblesse, il adopta & prit pour collegue M. Ulpius Trajanus Crinitus, qui commandoit alors sur le bas Rhin. Il mourut peu après; rien ne lui a fait plus d'honneur

Sa mort. 98

que d'avoir choisi, hors de sa famille, un prince tel que Trajan; il a regné seize mois.

Trajan est digne du trône.

Trajan étoit d'Italica ville d'Espagne; il n'y avoit point eu d'illustration dans sa famille, jusqu'à son pere qui parvint au consulat; mais on trouvoit en lui les vertus & les talents, qu'on peut désirer dans un souverain.

Ce prince à la tête de ses troupes.

Grand capitaine, il rétablit la discipline, & il eut des armées redoutables & victorieuses: il marchoit toujours à pied à la tête de ses troupes, se nourrissant des mêmes aliments que les soldats, supportant comme eux, la faim, la soif, la fatigue, & dispensant avec discernement les peines & les récompenses.

Ses guerres contre les Daces.

Sa premiere guerre fut contre les Daces; honteux de payer le tribut auquel Domitien s'étoit assujetti, il saisit le premier prétexte que lui fournit Décébale, le vainquit, & lui fit la loi.

Quelques années après, Décébale n'ayant pas été fidele à ses engagements, Trajan reprit les armes; cette seconde guerre, plus longue que la premiere, fut terminée par la conquête entiere du pays des Daces. La colonne trajane, qu'on voit encore à Rome, est le monument des victoires remportées dans ces deux guerres.

Ses conquêtes en orient.

Jaloux d'exécuter le projet de Jules-César, Trajan marcha contre Cosrhoés, roi des Parthes, qui avoit disposé de la couronne d'Armenie; l'empereur qui regarda cette démarche comme une usurpation sur ses droits, conquit ce royaume, la Mésopotamie, l'Adiabéne, l'Assyrie, Babylone, Ctesiphon, capitale des Parthes, & l'Arabie heureuse. Il eût desiré d'être plus jeune, afin de porter ses conquêtes aussi loin qu'Alexandre ; mais il avoit alors soixante-trois ans, & c'étoit la dix-neuvieme année de son regne. L'empire cependant n'étoit déja que trop étendu ; & la passion des conquêtes est d'autant plus blamable dans Trajan, qu'il étoit fait pour une gloire plus réelle & plus solide. C'est sous ce point de vue que je vais le considérer.

Sa passion pour les conquêtes est blamable.

Son attention à faire respecter les loix par son exemple

C'étoit l'usage de donner le consulat aux empereurs, le premier janvier après leur avénement. Trajan le refusa. Il étoit absent : il voulut se conformer à une loi plus ancienne que cet usage. Il vint à Rome l'année suivante. Sa marche ne fut ni à charge aux peuples, ni dispendieuse pour l'état ; il fit son entrée à pied, au milieu des acclamations.

Lorsqu'il brigua le consulat, il observa scrupuleusement toutes les formes usitées, quoique ses prédécesseurs eussent dédaigné de s'y soumettre. Il vint aux comices en habit de candidat. Après son élection, il se présenta pour faire le serment. Il le répéta debout, devant le consul qui étoit assis. Il ajouta qu'il se soumettoit à la colere du ciel, s'il manquoit jamais à ses engagements. Il voulut même que dans les vœux qu'on faisoit tous les ans pour lui, on insérât cette condition : *s'il gouverne, comme il doit, la république, & s'il procure le bien de tous.* Il pensoit qu'un souverain qui veut faire respecter les loix, doit les respecter lui-même.

Ses soins pour le bonheur des peuples.

A son avénement, il donna, suivant l'usage, une gratification aux soldats. Mais le peuple étoit, sur-tout, l'objet de ses largesses on prétend que sous son regne, les distributions qui se faisoient chaque mois, nourrissoient deux millions de personnes. Il faisoit élever les enfants, dont les parents étoient dans la misere. Il avoit assigné, à cet effet, des fonds à Rome & dans les provinces. Il fonda des villes. Il en rétablit plusieurs. Il répara la population. Il multiplia les chariots de poste, qu'Auguste avoit le premier établis. Il continua les grands chemins jusqu'aux extrémités de l'empire. Enfin il orna Rome de bâtiments utiles & magnifiques & il y forma plusieurs bibliothèques.

Son économie & sa vigilance.

Il suffisoit à toutes ces dépenses par une économie sage & par une vigilance éclairée; riche, parce qu'il vivoit avec simplicité, il enrichissoit l'état, parce qu'il veilloit sur tous ceux auxquels il confioit quelques parties de l'administration. Il auroit été difficile de commettre des rapines, sous un prince aussi vigilant. *Eurithme n'est pas Policlete, ni moi Néron*, disoit-il, à des personnes qui craignoient l'intérêt que cet affranchi prenoit à une affaire; & un jour que ce même affranchi

affranchi apprehendoit qu'on ne le soupçonnât d'abuser de son crédit, *je ne crains pas ce soupçon pour vous*, lui dit Trajan, *je le craindrois plutôt pour moi-même.*

Sa simplicité.

La suite de Trajan étoit modeste. Il n'envoyoit pas devant lui des gardes pour écarter le peuple. Il vouloit que les rues fussent également libres pour tous les citoyens, & s'il trouvoit de l'embarras, il attendoit qu'il fût dissipé. *Je veux être pour les autres*, disoit-il souvent, *ce que je voudrois qu'un empereur fût pour moi, si je n'étois que particulier.*

Il ne se croyoit que le magistrat d'une république libre.

Il respectoit le mérite. Il l'excitoit par des récompenses. Il aimoit, sur-tout, à trouver des talents dans les jeunes gens qui portoient un grand nom; & quoique lui-même il eût peu de naissance, il cherchoit les occasions de relever les anciennes familles. Il est inutile de remarquer qu'il n'y eut point de délateurs pendant son regne, & que la justice ne fut jamais mieux administrée. Les loix regnoient, parce qu'au lieu de se croire le maître absolu de l'empire, Trajan se croyoit seulement le premier magistrat d'une république libre. En armant un préfet du prétoire, il lui dit: *servez-vous de cette épée pour moi, si je gouverne bien; contre moi, si je gouverne mal.* Le sénat reprit de l'autorité: mais par lui-même, il n'étoit pas capable de la conserver. Elle ne pouvoit plus être que le bienfait d'un prince vertueux.

Il connut l'amitié & la fit connoître.

Sous les mauvais princes, l'amitié étoit bannie, les particuliers même ne la connoissoient pas : Trajan la connut, & la fit connoître. Il vivoit sans défiance avec ses amis qu'il savoit choisir. Il alloit chez eux sans gardes : il s'entretenoit de leurs affaires : il se mêloit à leurs plaisirs, & il y avoit, en quelque sorte, entre eux & lui, un commerce d'attentions & de devoirs, comme d'égal à égal. Ses vertus ont fait pendant dix neuf ans, le bonheur des Romains.

Sa mort.

Il mourut âgé de soixante-trois ans, à Selinonte en Cilicie. On lui donna le nom
117 *d'optimus*, très bon.

CHAPITRE II.

Adrien.

P. Ælius Adrianus, Originaire d'Italica, étoit parent de Trajan, qu'il eut pour tuteur dans son enfance, & dont dans la suite, il épousa la petite niece. Trajan néanmoins ne l'adopta que quelques moments avant de mourir, si même encore il l'adopta. Il est certain qu'il ne l'aimoit pas; c'est sur cette adoption vraie ou supposée qu'Adrien fut proclamé par l'armée d'Antioche. Il écrivit au sénat qui ne pouvoit pas ne pas le reconnoître.

Proclamation d'Adrien.

117

Les Parthes avoient été vaincus, mais ils n'étoient pas soumis; ils avoient même forcé Trajan à reprendre les armes. Adrien se hâta de leur donner la paix. Il rétablit Cosrhoés, & lui rendit toutes les provinces qu'on venoit de lui enlever. Il eût encore abandonné la Dace, s'il n'eût été retenu par la considération des colonies romaines que Trajan y avoit transportées.

Il abandonne les conquêtes que Trajan avoit faites sur les Parthes.

Grand capitaine, Adrien ne craignoit ni les fatigues ni les dangers. Mais les Parthes parois-

Pourquoi?

ſoient en quelque ſorte inacceſſibles aux Romains. Défendus par les barrieres que la nature avoit élevées entre les deux empires, ils pouvoient toujours ſe ſoulever ; & pour les retenir ſous la domination, il auroit fallu ſoutenir des guerres continuelles & ruineuſes. C'eſt un pays dont Rome ne pouvoit s'aſſurer, qu'en exterminant les habitants. Adrien préféra la paix.

Il avoit d'ailleurs à diſſiper des troubles qui auroient pu faire des progrès. Les Juifs de Cyrene avoient cruellement ravagé la Libye & l'Egypte : la Lycie & la Paleſtine ſe révoltoient : une partie de la Bretagne s'étoit ſouſtraite aux Romains : enfin les Maures & les Sarmates faiſoient des irruptions dans les provinces de leurs frontieres.

Sa libéralité.

Auſſitôt après avoir conclu la paix avec les Parthes, Adrien revint à Rome. Il remit tout ce qui étoit dû au fiſc depuis ſeize ans ; il défendit d'en rien exiger ; & il en brûla publiquement les régîtres, afin que perſonne ne pût être inquiété à ce ſujet. Cette libéralité, ſans exemple, fit dire de lui qu'il avoit enrichi toute la terre.

Sa libéralité ne ſe démentit jamais ; il ſe fit un devoir de ſecourir les anciennes familles, que des accidents malheureux plutôt qu'une mauvaiſe conduite, avoient miſes hors d'état de se soutenir; & il assigna de nouveaux fonds pour l'éducation des enfans, que les parents ne pouvoient pas élever. Il disoit souvent: *l'empire n'est pas à moi, il est au peuple.*

Il voyage dans toutes les provinces pour soulager les peuples & pour réprimer les abus.

Ce n'est pas assez qu'un prince fasse le bien par lui-même : s'il n'empéchoit pas le mal que d'autres peuvent faire, il ne rempliroit que la moindre partie de ses devoirs. Adrien se proposa d'assurer la paix & d'empêcher les véxations.

Pour remplir ce double objet, il résolut de se porter avec des forces par-tout où sa presence seroit nécessaire, & il visita toutes les provinces de l'empire. Il y en eut même où il se transporta plusieurs fois. Il se faisoit rendre compte de l'administration. Il réprimoit les abus: il réparoit les édifices publics: il en construisoit de nouveaux : il soulageoit les peuples par une diminution d'impôts ou par des largesses. Un tremblement de terre ayant ruiné, en Bithynie, Nicée, Nicomédie & plusieurs autres villes, il les rétablit toutes à ses dépens, ensorte qu'il mérita le titre de *Restaurateur de la Bithynie;* il rebâtit aussi Jérusalem, qu'il nomma *Ælia capitolina*.

Comment il voyageoit.

Il ne vouloit pas que sa présence fût à charge aux provinces. Il voyageoit à piéd, à la tête de ses troupes ; exposé à la pluie, à la neige, au soleil, il campoit avec elles. Sa vie, quoique dans la paix, étoit toute militaire. Il partageoit les fatigues des soldats. Il se nourrissoit comme eux. Il ne paroissoit que le premier soldat de l'empire; par cette conduite qui le faisoit respecter des troupes, il étoit aussi redouté des ennemis, qu'il étoit chéri de ses peuples; & son regne fut tranquille & florissant.

Peu jaloux de ses titres, il étoit populaire jusqu'à oublier son rang

Il prenoit rarement les titres d'empereur, de pere de la patrie, de souverain pontife. Il n'accepta le consulat que les deux premieres années de son regne. Populaire au point qu'il oublioit quelque fois son rang, il alloit volontiers aux bains publics se mêler avec le peuple, & il paroissoit importuné des hommages des grands. Ce n'étoit pas lui faire la cour, que de venir le saluer, lorsqu'on n'avoit point d'affaires à lui communiquer.

Son amitié n'assuroit pas sa confiance.

Comme Trajan, il vivoit familierement avec ses amis: mais naturellement soupçonneux, il n'étoit pas capable de leur donner la même confiance. Ni le temps, ni les services, rien n'assuroit le sort de ceux qu'il aimoit davantage. Ce fut, sans doute, par cette raison, que Similis préfet du prétoire, ayant obtenu de passer les sept dernieres années de sa vie dans la retraite, ordonna d'écrire sur son tombeau, qu'il étoit mort âgé de soixante-seize ans, & qu'il en avoit vécu sept.

Quelquefois cruel avec les

Adrien, dans les commencements de son regne, a fait mourir sur de simples soupçons quatre consulaires qui avoient eu part à la confiance de Trajan. Quoiqu'avec les grands quelquefois porté à la cruauté, il étoit généreux avec ceux qui ne lui pouvoient donner d'ombrage. Si quelqu'un lui avoit déplu, il se bornoit à lui écrire qu'il étoit mécontent; & lorsqu'il se voyoit forcé de punir, il modéroit la peine à proportion du nombre des enfants du coupable. Après son avénement, il dit à un homme dont il avoit été l'ennemi déclaré: *ne craignez rien, je suis empereur.*

grands, il étoit toujours humain avec le peuple.

Il joignoit à une grande mémoire, un esprit vaste & une curiosité qui le portoit à tout; versé dans les lettres grecques & latines, il écrivoit également bien en vers comme en prose dans l'une & l'autre langue. Il chantoit, il jouoit des instruments, il gravoit, il peignoit. Il paroissoit avoir fait une étude de toutes les sciences.

Il paroissoit avoir étudié toutes les sciences.

Avec ce goût pour les lettres & pour les arts, il recherchoit les savants & les artistes, & il les combloit souvent de ses bienfaits. Mais il avoit la manie de vouloir passer pour supérieur dans tous les genres, & malheur à celui qui auroit affecté quelque supériorité sur lui. Ayant fait bâtir un temple à la fortune de Rome, sur un dessin qu'il avoit fait lui même, il envoya le plan à l'architecte Apollodore, & il lui en demanda son sentiment, d'un ton qui pa-

Il protégeoit les savants & les artistes, & il en étoit jaloux.

roissoit un défi. Apollodore n'étoit pas flatteur. Du temps de Trajan il avoit écouté avec assez de dédain, des raisonnements d'Adrien sur l'architecture. Il répondit donc que le temple n'étoit pas assez élevé pour le lieu où il étoit placé, &, qu'au contraire, les statues de Rome & de Venus étoient trop hautes pour le bâtiment: car, ajoutoit-il, quand il plaira à ces statues de se lever & de sortir, elles ne le pourront pas. Adrien ne pardonna pas cette critique; il bannit Apollodore & la même année, il le fit mourir sous quelques faux prétextes.

Sa mort. 138

Après une suite de maladies compliquées qui firent des progrès pendant trois ans, Adrien termina sa vie dans les tourments les plus cruels. La douleur l'avoit rendu furieux. Il demanda un poignard ou du poison, & dans son désespoir, il ordonna la mort de plusieurs sénateurs, se plaignant d'être le maître de la vie des autres & de ne pouvoir disposer de la sienne.

Choix qu'il fait de ses successeurs.

Quelques mois avant sa mort, il adopta T. Aurelius Fulvius Boionius Antoninus : *je sais bien*, disoit-il, *qu'Antonin est de tous ceux que je connois, celui qui desire le moins l'empire : mais je sais aussi que personne n'est plus capable de bien gouverner*. Il lui fit adopter L. Commodus & M. Annius Varus. Il étoit dans la soixante-deuxieme année de son âge, & dans la vingt-deuxieme de son regne.

Adrien a eu des vices dont je n'ai pas parlé. Il est triste d'en trouver dans un prince qui a fait le bonheur des peuples, qui a voulu l'assurer après lui, & qui a choisi des successeurs tels qu'Antonin & Marc-Aurele.

Il est triste qu'il ait eu des vices.

CHAPITRE III.

Antonin.

Temps peu féconds pour l'histoire.

LES temps les plus heureux sont les moins féconds pour l'histoire. Le regne d'Antonin offre si peu d'évenements, qu'on peut oublier l'empire, pour ne s'occuper que du prince. Ce n'est pas que l'administration d'un souverain éclairé & vertueux ne puisse fournir un grand nombre d'observations intéressantes & instructives : mais ces observations sont précisément, ce qui échappe au commun des historiens. D'ailleurs, il faut l'avouer, l'histoire des monarchies est bien aride ; si les monarques sont foibles, on paroît ne faire que des satyres qui se ressemblent ; & s'ils ont des lumieres & des vertus, on paroît ne faire que des panégyriques qui se ressemblent encore.

Le vertueux Antonin mit son bonheur à être aimé.

Antonin étoit originaire de Nîmes. Sa famille très ancienne, mais étrangere à Rome, ne parvint que tard aux magistratures. Il montra sur le trône toutes les vertus. Il n'eut aucun vice ; & il fit son bonheur d'être aimé des peuples. *Que je serois malheureux, si je découvrois que je suis haï d'un grand nombre de mes concitoyens*, dit-il, à l'occasion d'une conspiration qui se forma dès le commencement de son regne, & dont il arrêta les recherches.

Il n'avoit rien à lui.

Sans précipitation & sans foiblesse, il veilloit sur toutes les parties du gouvernement avec une égalité d'ame, qui assuroit le bonheur des peuples, & qui le rendoit en quelque sorte invariable. Il réparoit au moins par ses soins éclairés & généreux, les maux que la prudence humaine ne peut ni prévoir ni empêcher. Il y eut des incendies à Rome, à Narbonne, à Antioche, à Carthage; & un tremblement de terre ruina les villes de Cos, de Rhodes, & plusieurs encore dans la Lycie & dans la Carie. *Je n'ai rien à moi*, disoit Antonin, *depuis que je suis empereur*, & sa bienfaisance qui ne se lassoit jamais, se montroit, sur-tout, dans les calamités publiques. Alors, il n'avoit en effet rien à lui; son patrimoine même étoit employé au soulagement des malheureux.

Avec quelle simplicité il jouissoit des avantages de son rang.

Simple dans ses mœurs, la nature sembloit l'avoir fait tout ce qu'il étoit. Il jouissoit des avantages attachés à son rang, comme s'il en eût toujours joui; & il s'en passoit plus volontiers, sans s'appercevoir qu'ils lui manquoient. Contre la coutume des autres empereurs, il voulut n'être servi que par des esclaves.

Sa conduite avec les gou-

Avant lui, on étoit dans l'usage de récompenser un gouverneur de province, en lui donnant

verneurs des provinces.

un meilleur gouvernement. Au lieu de déplacer ceux qui se conduisoient bien, Antonin les laissoit où ils se trouvoient & les récompensoit d'ailleurs. Il les choisissoit avec un tel discernement, qu'on eût souvent dit qu'il leur communiquoit ses lumieres & son intégrité.

Trait qui le caractérise.

Incapable de jalousie & de soupçons, il donnoit de la considération au sénat, dont il ne paroissoit que le ministre. Il respectoit le peuple : il protégeoit les lettres : il vivoit avec confiance au milieu de ses amis. Il y a un trait de sa vie, qui peut faire juger de la douceur de son caractère. Lorsqu'il étoit proconsul d'Asie, il se logea, en arrivant à Smirne dans la maison du sophiste Polémon qui étoit alors absent. Polémon étonné à son retour de trouver sa maison occupée, se plaignit & demanda qu'elle lui fût rendue. Bien des proconsuls auroient prouvé à ce sophiste que sa maison n'étoit pas à lui. Antonin aima mieux la lui rendre : quoique ce fût au milieu de la nuit, il délogea sur le champ; lorsqu'après son avénement, Polémon vint à Rome pour lui faire sa cour, il le reçut comme un ancien hôte, voulut le loger dans son palais; & ayant donné des ordres à cet effet, il ajouta, *sur-tout, qu'on ne le déloge pas.*

Il étoit respecté des nations étrangeres.

Chéri des Romains, Antonin fut considéré chez toutes les nations. Vologese, Roi des Parthes, marchoit pour se rendre maître de l'Armenie : l'empereur lui écrivit, ce roi se retira.

Les barbares le prirent souvent pour arbitre de leurs différents, & les rois s'empresserent de lui rendre des hommages. Il parut regner sur tous les peuples connus.

Choix qu'il fait de Marc-Aurele.

Dès la seconde année de son regne, il donna le titre de César, & sa fille Faustine à Annius Verus, connu, sous le nom de Marc Aurele. Il le désigna pour être consul avec lui l'année suivante; & quelques années après, il lui assura l'empire auquel il l'associa. Quant à L. Commodus, il ne paroissoit le souffrir, que parce qu'Adrien le lui avoit donné; il ne lui accorda jamais le titre de César, & il ne l'éleva que tard au consulat. Il permit seulement qu'on le qualifiât de *fils d'Auguste*.

Sa mort. Le nom d'Antonin devient un titre Auguste.

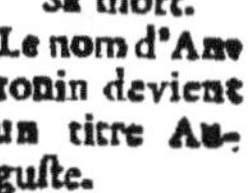

Antonin mourut dans la soixante-quatorzieme année de son âge, après un regne de vingt deux ans. Ses vertus lui mériterent le surnom de *Pius*, mot pour lequel nous n'avons point d'équivalent; & elles firent du nom d'Antonin un titre Auguste, que ses successeurs furent jaloux de porter, où qu'ils refuserent par modestie. 161

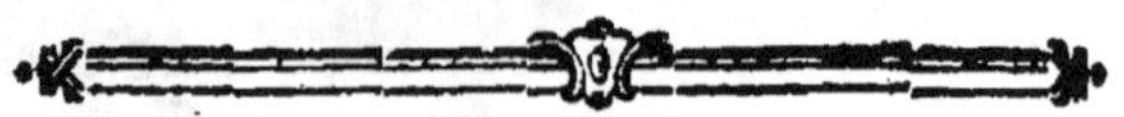

CHAPITRE IV.

Marc Aurele.

La famille de Marc-Aurele. Nom que lui donnent les historiens.

LA famille de Marc-Aurele prétendoit remonter jusqu'à Numa. Cette chimere pouvoit la flatter : mais il suffisoit d'avoir été adopté par Antonin. Il paroît que son bisayeul est le premier qui se soit élevé aux magistratures. Après son avenement, il donna le nom de *Verus* à L. Commodus, son frere d'adoption, & il prit lui même celui d'Antonin. C'est sous ce dernier nom qu'il est ordinairement désigné dans l'histoire.

La secte des stoïciens dominante sous les empereurs.

Sous les empereurs, la philosophie des stoïciens étoit devenue la secte dominante; toujours en contraste avec les mœurs publiques, elle affichoit la morale la plus austère, dans ces temps où le luxe se portoit au derniers excès. Elle devoit, par consequent, former des enthousiastes.

Or, l'enthousiasme est d'autant plus contagieux, qu'on seroit honteux d'échapper à la contagion. On en prend donc au moins le langage. Ainsi un grand nombre se donnoit pour stoïciens, & il leur suffisoit de le paroître.

D'autres l'étoient sincérement. Le malheur des temps sembloit leur en faire une nécessité: car les vertus stoïques leur offroient des motifs de consolation, & leur ouvroient un asyle contre la tyrannie.

Pourquoi Marc-Aurele adopte la morale de cette secte.

Né sous Adrien, Marc-Aurele n'avoit vu que deux regnes heureux & florissants, où l'on ne sentoit pas le même besoin de ces vertus. Il les eut toutes cependant: c'est qu'il les trouva en lui; ayant eu dès l'âge de douze ans, occasion de connoître la philosophie des stoïciens, il s'attacha principalement à la morale. Cette étude ne fit que lui découvrir les principes qui régloient, à son insu, toutes ses actions; & on eût pu remarquer qu'il étoit stoïcien, avant d'avoir pensé à l'être. Aussi le fut-il toujours, & il le fut sans ostentation. Les vertus les plus sublimes paroissoient simples comme lui, parce quelles prenoient son caractère: parvenu à l'empire à l'âge de quarante ans, il confirma cette maxime de Platon: *les peuples seront heureux, quand les philosophes seront rois, ou quand les rois seront philosophes*. Il frémissoit néanmoins, lorsqu'il songeoit au fardeau dont il s'étoit chargé.

On ne peut l'excuser d'avoir affecté à

Antonin l'avoit préféré à L. Verus dont il connoissoit les vices. Cependant Marc-Aurele se hâta de partager tous ses titres avec ce frere

l'empire L. Verus.

adoptif; & Rome eut deux Augustes. Cette action, quoique généreuse, est inexcusable. Comment ne frémissoit-il pas, lorsqu'il se voyoit un collegue qui n'étoit pas digne de commander, & qui pouvoit lui survivre?

Les ennemis arment contre l'empire.

La mort d'Antonin parut aux ennemis une conjoncture favorable pour attaquer l'empire. les Parthes entrerent dans l'Armenie, surprirent l'armée romaine, la taillerent en pieces, & porterent le ravage jusques dans la Syrie; d'un autre côté, les Cattes couroient impunément la Germanie & la Rhétie; & il y avoit encore des soulevements dans la Bretagne,

Plusieurs fléaux retiennent à Rome Marc-Aurele.

Marc-Aurele envoya contre les Parthes L. Verus, qu'il se flattoit de retirer de la mollesse, en lui fournissant une occasion de se signaler. Il chargea deux de ses généraux des deux autres guerres, & il resta lui-même en Italie, où plusieurs fléaux rendoient sa présence nécessaire; un débordement du Tibre avoit renversé une partie de Rome, & causé de grands dommages dans la campagne; des tremblements de terre survenus presque en même temps, avoient ruiné plusieurs villes. L'air étoit infecté d'une multitude d'insectes, & la famine commençoit à se faire sentir. Marc-Aurele fut présent par tout avec une bienfaisance ingénieuse à soulager les peuples, & ses vertus parurent les consoler des maux auxquels il ne pouvoit pas remédier.

Il

Il ne reste aucun détail des campagnes faites en Bretagne & en Germanie. Quant à la guerre contre les Parthes, on sait que L. Verus ne la fit pas. Il s'arrêta dans tous les lieux où il trouva des plaisirs conformes à ses penchants. Il fit son séjour ordinaire à Antioche, allant, suivant la saison, à Daphné & à Laodicée, & vécut dans la débauche pendant que ses généraux, Avidius Cassius & Martius Verus, remporterent des victoires; ils forcerent à la paix Vologese roi des Parthes. Flatté cependant de ces succès auxquels il avoit si peu de part, il commençoit à souffrir impatiemment un collégue qui le gênoit; & on voyoit qu'il eût secoué le joug, si la chose eût été en son pouvoir.

Conduite de Verus en orient.

Il revint à Rome après cinq ans d'absence. La peste étoit alors parmi les troupes qu'il ramenoit, & il n'avoit pris aucune précaution pour l'empêcher de se répandre. Elle passa avec lui de province en province, parcourut l'empire pendant plusieurs années, dépeupla, surtout, l'Italie, laissa plusieurs terres sans culture, & occasionna une famine.

Par son imprudence la peste ravage l'empire.

Ce fleau continuoit depuis trois ans, lorsque les Marcomans, les Quades, les Sueves, les Sarmates, les Allemands, les Vandales, les Daces & d'autres Barbares prirent les armes en même temps. Ils dévasterent la Pannonie, firent des courses dans la Grece, & pénétrerent jusques dans le Péloponese.

Les nations Germaniques prennent les armes.

Triste conjoncture, où cette guerre commence.

Cette guerre, une des plus grandes que l'empire eût soutenue jusqu'alors, arriva dans la conjoncture la plus triste : car les secours donnés pendant les calamités publiques avoient absolument épuisé les finances ; & la dépopulation causée par la peste, ne laissoit pas assez de citoyens pour compléter les troupes. Il fallut enrôler des esclaves & des gladiateurs ; & il auroit fallu mettre de nouveaux impôts, si Marc-Aurele n'eût pas préféré de vendre les meubles de ses palais.

Les deux Augustes marchent contre les peuples de Germanie.

Le sénat ayant arrêté que les deux Augustes marcheroient contre les peuples de Germanie, ils partirent pour Aquilée. Ce réglement avoit été fait de concert avec Marc-Aurele, qui ne vouloit ni laisser Verus à Rome, ni lui confier le commandement de l'armée ; heureusement pour l'empire, la mort enleva ce collégue quelques mois après ; plus maître alors de faire le bonheur des peuples, Marc-Aurele n'en parut que plus grand.

Mort de Verus.

169

Les peuples de Germanie ne connoissoient d'autre droit que celui du plus fort.

Nous avons peu de détails sur la guerre de Germanie. On voit que les barbares infideles à tous leurs engagements, ne connoissoient d'autre droit que celui du plus fort. Ils faisoient la paix lorsqu'ils avoient été vaincus ; & lorsqu'ils croyoient avoir réparé leurs forces, ils recommençoient la guerre. On pouvoit prévoir dès-lors qu'ils extermineroient les Romains, ou qu'ils seroient eux mêmes exterminés.

Après cinq ou six campagnes, Marc-Aurele, les ayant réduits à demander la paix, songeoit à les mettre hors d'état de reprendre les armes de long-temps; lorsqu'il se vit forcé de terminer promptement avec eux, & de leur accorder des conditions plus favorables. Sur un faux bruit de sa mort, Avidius Cassius, qui l'avoit répandu lui-même, venoit de se faire proclamer empereur.

Marc-Aurele les force à la paix.

Révolte de Cassius.

175

Pendant la guerre des Parthes, ce capitaine avoit déja paru suspect à L. Verus, qui l'eût condamné sur de simples soupçons, s'il en eût été le maître. Voici la réponse de Marc-Aurele à son frere, qui l'invitoit à sévir.

Lettre de Marc-Aurele à Verus, à qui Cassius paroissoit suspect, & qui demandoit la mort de ce capitaine.

»J'ai reçu votre lettre. Elle décele une inquiétude qui fait injure à notre administration. »Si les dieux ont résolu de donner l'empire à »Cassius, il n'est pas en notre pouvoir de l'empêcher; & s'ils ne l'ont pas résolu, il se perdra lui-même, sans que nous devenions cruels. »Vous savez le mot de votre ayeul Adrien: *jamais on n'a fait mourir son successeur*. Ajoutez »que nous ne pouvons pas faire le procès à un »homme, que personne n'accuse, & qui est aimé des soldats. D'ailleurs, dans les crimes de »lése Majesté, le public croit presque toujours »qu'on fait injustice à ceux mêmes qui en sont »visiblement convaincus; avez vous oublié ce »que disoit encore Adrien: *tel est le sort des »princes, on ne croit aux conspirations qui se*

»*sont contre eux, que lorsqu'on les voit assassi-*
»*nés*. Domitien est le premier qui ait dit ce »mot: mais j'ai mieux aimé vous le citer d'A-»drien, parce que les pensées des tyrans n'ont »pas le poids de celles des bons Princes. Servons »nous donc de Cassius, puisque c'est un grand »capitaine, nécessaire à la république. Quant à »mes enfants dont vous voudriez procurer »la sureté par sa mort, qu'ils périssent, si Cas-»sius mérite plus d'être aimé, & si sa vie est »plus utile à l'état."

Quoique l'événement ait confirmé les soupçons de L. Verus, on ne peut qu'applaudir à la conduite de Marc-Aurele. Il est de la sagesse de ne pas soupçonner légérement un homme qui a rendu des services, & qui en peut rendre encore. Il y auroit même de la cruauté & de la pusillanimité à le condamner pour des crimes, dont on ne peut pas le convaincre.

Clémence de Marc Aurele, lors de la révolte de Cassius.

Marc-Aurele gémissoit de se voir engagé dans une guerre civile. Mais sans inquiétude sur l'évenement, il ne desiroit la victoire, que pour rendre Cassius fidéle à force de bienfaits *Je veux prouver*, disoit-il, *qu'on peut faire un bon usage, même des guerres civiles*. Cassius, trois mois après sa révolte, ayant été tué par un centurion, l'empereur se plaignit qu'on l'eût enlevé à sa clémence, & il ne songea plus qu'à sauver les complices de ce rebelle. Il écrivit au sénat. » Je vous prie, je vous conjure de vous départir de votre sévérité ordinaire, & de ne pas faire ce tort à ma clémence, ou plutôt à la vôtre, de condamner personne à la mort. Rappellez même ceux que vous avez exilés, & que les proscrits jouissent de leurs biens ; plût à dieu pouvoir encore rendre la vie à ceux qui l'ont perdue. Je ne puis approuver dans un empereur la vengeance de ses injures personnelles : elle paroît toujours trop grande, quelque juste qu'elle puisse être. Pardonnez donc aux enfants de Cassius, à sa femme, à son gendre. Que dis-je? ils ne sont pas coupables. Qu'ils conservent leurs jours, leurs biens, leur liberté, pour apprendre qu'ils vivent sous Marc-Antonin, & pour être partout où ils iront, une preuve de votre piété & de la mienne. Ce n'est certainement pas une grande clémence que de pardonner aux enfants & aux femmes des coupables. Je vous demande encore d'exempter de la mort, de la proscription, de l'infamie & de toute injure, les sénateurs & les chevaliers, qui ont trempé dans la conspiration. Accordez cela aux temps où je gouverne la république, afin qu'on excuse la mort de ceux qui ont été tués dans le dernier tumulte." Quand la vertu se montre avec cette simplicité, quels sentiments touchants & délicieux, elle répand dans les ames honnêtes!

Marc-Aurele en orient.

Marc-Aurele etant allé en Asie, où il rétablit l'ordre, tout l'orient lui rendit des hommages. Il parut aux peuples & aux rois, comme une divinité bienfaisante qui assure le calme par sa présence. A son retour à Rome, d'où il étoit absent depuis sept ans, il fut reçu avec les démonstrations de la joye la plus vive & la plus sincere; il remit aux provinces de l'empire tout ce qui étoit dû au fisc, pour les quarante-six ans écoulés depuis la remise faite par Adrien.

Nouvelle guerre en Germanie. Marc-Aurele magistrat plutôt que souverain.

Cependant les Marcomans, les Sarmates & d'autres peuples de Germanie avoient repris les armes; forcé de marcher contre eux, Marc-Aurele demanda au sénat la permission de prendre dans le trésor public, les fonds qui lui étoient nécessaires. *Car*, disoit-il, *rien n'est à moi le palais même que j'habite, vous appartient.* C'est ainsi qu'il saisissoit toutes les occasions de relever le premier ordre de la république; & c'est aussi de lui, sur-tout, qu'on a pu dire, qu'il allioit deux choses, trop souvent incompatibles, la monarchie, & la liberté; comme Trajan, il dit au préfet du prétoire: *je vous donne cette épée pour me défendre, tant que je m'acquitterai fidelement de mon devoir; mais elle doit servir à me punir, si j'oublie que mon devoir est de faire le bonheur des Romains.* Il ne s'oublia jamais. Magistrat plutôt que souverain, il fut le salut de la république dans des temps malheureux, où les barbares commençoient à devenir redoutables, & où des fléaux de toute espece paroissoient conspirer la ruine de l'empire. On

remarque qu'il a le premier élevé un temple
à la bienfaisance. Dans un siecle idolâtre, il
étoit fait pour partager le culte avec cette di-
vinite. Rome le perdit, lorsqu'il avoit rempor-
té les plus grands avantages sur les barbares, Sa mort.
& qu'il se flattoit avec raison de les réduire. Il 180.
étoit sur la fin de la cinquante-neuvieme année
de son âge, & il en avoit regné dix-neuf &
quelques jours. Il laissa l'empire à Commode
son fils.

CHAPITRE V.

Je n'ai pas essayé, Monseigneur, de vous peindre Marc-Aurele, Cette entreprise eût été au dessus de mes forces. Heureusement il s'est peint lui-même dans ses réflexions morales. Je vais vous en faire connoître le premier livre. C'est celui qui a le plus de rapport à vous: il vous apprendra ce que vous devez être.

PREMIER LIVRE.

Des réflexions morales de Marc-Aurele.

J'ai appris de mon ayeul Verus à avoir des mœurs simples, honnêtes & toujours bien réglées.

De la réputation que mon pere a laissée & de la mémoire que j'en conserve, à être d'un caractère mâle & modeste.

De ma mere, à avoir de la piété, à ne nuire à personne, à ne pas même en avoir la penſée, à éviter toute eſpece de luxe, & à vivre d'un maniere ſimple & frugale.

De mon biſayeul à ne rien épargner pour avoir de bons maîtres.

De mon gouverneur, à ne prendre aucun parti dans les factions qui partagent le peuple aux combats des gladiateurs & aux courſes des chevaux, à ſoutenir le travail, à être patient dans les fatigues, à ſavoir me ſervir moi-même, à me contenter de peu, à ne point me mêler des affaires des autres, à ne jamais écouter les délateurs.

De Diognétus, à ne pas m'occuper à des choſes vaines & frivoles, à ſouffrir qu'on parle de moi avec liberté, à ne pas ajouter foi aux preſtiges, aux enchantements, aux impoſteurs.

Je lui ai encore l'obligation de m'être adonné à la philoſophie, d'avoir ſu faire des dialogues dans mon enfance, de m'être accoutumé à coucher ſur un grabat, couvert d'une ſimple peau, & à me conformer en tout aux mœurs auſtères des vrais ſtoïciens.

Je dois à Ruſticus d'avoir penſé à me corriger de mes défauts, & d'avoir ſenti le beſoin d'y donner toute mon attention. Il m'apprit à goûter la poëſie ſans paſſion, à mépriſer les ſubtilités de la rhétorique & de la dialectique, à ne pas m'étudier à parler avec une élégance qui eſt toujours vicieuſe, quand elle eſt recherchée, à éviter l'ostentation des sophistes, & toute affectation de savoir & d'austérité. Il me montra comment je devois écrire mes lettres d'un stile simple, avec quel soin je devois faire mes lectures, combien il est nécessaire de ne pas se contenter d'entendre les choses superficiellement. Je lui ai l'obligation d'avoir lu les commentaires d'Epictete, dont il m'a fait présent, de vivre chez moi sans faste, & de pardonner facilement les fautes ou les offenses.

J'ai appris d'Apollonius (de Chalcis) à me conserver libre : à ne pas flotter dans mes desseins, à consulter la raison jusques dans les plus petites choses, à être toujours le même dans les douleurs les plus aiguës, dans les longues maladies, dans les adversités de toute espece. Je voyois en lui un modele d'un caractère sévere ou indulgent suivant les circonstances, & d'un esprit, qui se communiquant sans contrainte, regardoit ses connoissances & le talent d'en faire part comme le moindre de ses avantages. Enfin j'ai appris de lui comment une ame honnête reçoit des bienfaits, sans être ingrate ni servile.

Sextus m'a montré, par son exemple, à gouverner ma maison en pere de famille, à me soumettre à la providence, à être ferme sans chercher à le paroître, à être attentif envers mes amis, à souffrir les ignorants & les personnes inconsidérées qui ne se conduisent que d'après l'opinion, à m'accommoder à tout le monde. Quoique son commerce eût quelque chose de plus doux que la flatterie même, il inspiroit une sorte de vénération à ceux qui l'approchoient. Il avoit, sur-tout, le talent de mettre dans le meilleur ordre, & dans le plus beau jour, les préceptes nécessaires à la conduite de la vie. Il m'apprenoit à vaincre mes passions, à me conserver tout entier à l'amitié, à faire du bien sans bruit, & à m'instruire sans en devenir plus vain.

J'ai appris d'Alexandre le grammairien, à ne pas relever d'un ton choquant, ce qui échappe aux personnes avec qui je m'entretiens: mais à les reprendre avec adresse, soit en ne paroissant que répondre, soit en feignant d'ajouter de nouvelles raisons, soit en m'occupant plus des choses que des mots, soit par d'autres voyes indirectes qu'on ne prend pas pour des leçons & qui en sont néanmoins.

J'ai appris de Fronton que la cour est le séjour de l'envie, de la fausseté, de l'hypocrisie, & combien il faut peu compter sur l'affection des grands.

D'Alexandre le platonicien, que les affaires, quelles qu'elles soient, ne doivent jamais être un prétexte pour m'exempter de rendre à chacun les services, dont l'humanité, ou l'amitié me fait un devoir; & que *je n'ai pas le temps* est une réponse que la nécessité doit seule m'arracher.

De Catulus, à ne jamais négliger les plaintes de mes amis, lors même qu'elles ne sont pas fondées; mais plutôt à me montrer tel que j'étois, lorsque je n'y donnois pas occasion.

De mon frere Sévere, à aimer mes parents, la verité, la justice. C'est lui qui m'a fait connoître Thraséa Petus, Helvidius, Caton, Dion, Brutus; & qui m'a fait concevoir le plan d'un gouvernement populaire, où l'équité préside, & où le souverain veut & assure la liberté des sujets. Je lui dois mon goût pour la vie simple, mon attachement constant pour la philosophie, mon plaisir à faire du bien, mon habitude à espérer jusques dans les revers, ma répugnance à douter de l'affection de mes amis, & ma confiance à m'ouvrir à eux sur ce que j'approuve ou désapprouve dans leur conduite.

Maximus m'a appris à me rendre maître de moi même, à ne me permettre ni emportement, ni écart, à conserver du courage dans les accidents les plus fâcheux, à me former à la douceur sans me rendre trop facile, & à traiter toutes les affaires sans impatience & sans humeur. Il parloit & se conduisoit lui-même de maniere que sa franchise se montroit dans tous ses discours, & sa droiture dans toutes ses actions. Sans jamais s'étonner, il agissoit constamment avec la même modération, toujours exempt de précipitation, de lenteur, d'irrésolution, de découragement, d'humeur, de colere, de défiance. Il aimoit naturellement à pardonner & à faire du bien. Jamais il n'a donné lieu de croire qu'il méprisât les autres, ou qu'il s'estimât lui-même davantage.

Mon Pere Antonin m'a appris par son exemple à avoir de la clémence, à être ferme dans les partis pris après une mûre délibération, à n'être pas séduit par les honneurs, à trouver du plaisir dans l'assiduité au travail, à écouter volontiers tous ceux qui peuvent proposer quelque chose d'utile pour la république. Attentif à démêler les talents & les vertus, rien ne pouvoit l'empêcher de rendre ce qui étoit dû au mérite. Incapable d'envie, il cédoit à ceux qui dans quelques genres, avoient plus de talents que lui, ou plus de connoissances, & il aimoit à contribuer à leur célébrité.

Son amitié n'étoit pas comme celle des grands, un sentiment qui paroît vif aussitôt qu'il commence, & qui passe rapidement. Il choisissoit ses amis, & il n'y avoit, ni inconsidération dans son choix, ni légéreté dans son attachement. Soigneux à les conserver, il n'exigeoit d'eux aucune complaisance. Soit qu'ils l'eussent prévenu par des attentions, soit qu'ils n'y eussent pas pensé, ils le retrouvoient toujours le même.

Il ne s'avilissoit jamais devant le peuple, pour en obtenir la faveur : au contraire, il en réprimoit les acclamations. S'il donnoit des spectacles, s'il faisoit des largesses, s'il élevoit des édifices, il ne songeoit point à sa propre célébrité: il ne voyoit dans tout ce qu'il faisoit que la convenance ou l'utilité publique. Jaloux de fournir à tous les besoins de l'empire, il retranchoit sur ses propres dépenses; & souffrant qu'on lui réprochât son économie, il n'étoit recherché ni dans sa table, ni dans ses habits, ni dans le choix de ses esclaves. La Robe qu'il portoit à Lorium, avoit été faite dans un village voisin.

D'un commerce facile, il soutenoit la conversation avec un enjouement qui ne fatiguoit point, & qui n'ennuyoit jamais. Aux soins qu'il prenoit de sa personne, il ne paroissoit ni rechercher, ni négliger l'élégance, ni s'attacher à la vie, ni s'en dégoûter. Il se conformoit aux anciennes mœurs, sans affecter de s'y conformer. Il s'accommodoit aux temps, aux lieux, aux affaires. Il ne changeoit jamais, par inquiétude, ni de place, ni d'occupation. Il faisoit toujours ce qu'il devoit faire: il étoit toujours où il devoit être, & il paroissoit trouver le loisir au milieu des plus grandes occupations, lors même que ses soins se portoient jusques sur les plus petites choses. En un mot, dans quelque position qu'il fût, toujours calme, toujours content, il se servoit des commodités de son état avec une modération qui lui permettoit de s'en passer comme d'en jouir: double avantage, dont la plupart des hommes sont privés par foiblesse, ou par intempérance.

Je rends graces aux dieux de m'avoir donné de bons ayeux, un bon pere, une bonne mere, une bonne sœur, de bons précepteurs, de bons domestiques, de bons amis, & presque toutes les choses qui sont bonnes.

De n'avoir manqué à aucune de ces personnes, quoique j'en eusse été capable. Heureusement mon naturel ne s'est pas décelé, & c'est aux dieux, qui ne l'ont pas permis, que j'en ai l'obligation.

Je dois les remercier encore, de n'avoir pas été élevé plus long-temps auprès de la concubine de mon ayeul, d'avoir passé ma jeunesse sans taches, & de m'avoir donné pour pere, un prince qui devoit m'inspirer de l'éloignement pour le faste, & m'apprendre comment un empereur peut sans luxe, sans pompe, sans gardes, vivre comme un simple particulier, & conserver cependant la dignité nécessaire dans celui qui commande.

Je les remercie d'avoir fait peu de progrès dans l'éloquence, dans la poësie & dans d'autres études de cette espece, qui m'auroient peut être tenu trop long-temps si j'y avois réussi; de m'avoir fait connoître Apollonius, Rusticus & Maximus; d'avoir fait naître en moi le desir de choisir le genre de vie le plus conforme aux ordres de la providence, & de m'avoir éclairé par leurs inspirations. C'est uniquement ma faute, si ayant été sourd à leurs avertissements, je ne me suis pas toujours bien conduit.

Je reconnois que c'est par une faveur particuliere des dieux, qu'avec une santé foible, j'ai pu résister long temps au travail & à la fatigue; que j'ai renoncé de bonne heure à l'amour, auquel je m'étois laissé surprendre; qu'ayant eu de la colere contre Rusticus, il ne m'ait rien échappé, dont j'aye dû me repentir; que ma mere, quoique morte jeune, a passé les dernieres années de sa vie avec moi, que lorsque j'ai voulu faire du bien, on ne m'a pas répondu une seule fois que les fonds me manquoient; que je n'ai jamais été dans la nécéssité de rien recevoir de personne; que j'ai trouvé pour mes enfants des précepteurs habiles; qu'ayant eu la passion de la philosophie, je ne suis pas tombé entre les mains d'un sophiste, qui ne m'auroit entretenu que de choses subtiles & frivoles. Je ne puis devoir tous ces avantages qu'aux secours que les dieux m'ont donnés.

Voilà, Monseigneur, une idée des réflexions que faisoit Marc-Aurele, pour se rappeller continuellement ses devoirs, je vous les ai rendues bien

bien imparfaitement: cependant vous y trouvez une candeur & une simplicité qui vous charment. Jugez du plaisir que vous auriez à les lire dans l'original.

Il écrivit ce premier livre dans son camp, sur le fleuve Granua, au pays des Quades. Vous voyez donc l'usage qu'il faisoit de quelques moments de loisir. Instruisez vous par son exemple. Apprenez de lui ce que des précepteurs plus habiles que moi, lui avoient appris à lui-même; & souvenez vous, sur-tout, que, quoique ce grand prince fût né avec les dispositions les plus heureuses, & qu'il les eût cultivées de bonne heure avec une attention au dessus de son âge, il crut devoir travailler tous les jours de sa vie à se former à la vertu.

CHAPITRE VI.

Depuis la mort de Marc-Aurele jusqu'à celle de Caracalla.

La flatterie a fait un monstre de Commode.

COMMODE né peu après l'avénement de son pere, est le premier empereur qui ait été élevé dans la pourpre. Il étoit simple, timide, & par lui-même peu porté au vice, dit Dion qui a vécu sous son regne : mais ajoute cet historien, cette simplicité, & cette timidité le rendirent plus facile aux impressions des hommes corrompus qui l'entouroient. En effet, la flatterie qui le prit au berceau, en fit un monstre.

Faustine sa mere a contribué à le rendre vicieux.

Faustine, fille d'Antonin, & femme de Marc-Aurele, fut, sans doute, une des premieres causes des vices de son fils : car cette princesse s'est elle-même deshonorée par ses déréglements. Or, si les caresses & les complaisances d'une mere vertueuse, sont dangéreuses, parce que ce sont des foiblesses ; que pouvons nous attendre des caresses & des complaisances d'une mere, qui donne l'exemple du vice ?

Marc-Aurele qui vit le mal, le vit trop tard, & n'y remédia pas. Il est vrai qu'il écarta les corrupteurs, qu'il mit auprès de son fils des hommes vertueux, & qu'il sacrifia des moments pour l'instruire lui-même. Mais Commode ne se consoloit pas d'être séparé des personnes qui flattoient ses vices: il s'opiniatra dans son chagrin; il en tomba malade; & son pere trop foible eut la complaisance de les lui rendre. Une plus grande faute qu'il commit encore, c'est qu'il le fit déclarer Auguste, chose jusqu'alors sans exemple. Il falloit ou que la tendresse l'aveuglât, ou qu'il pensât qu'on ne change pas la destinée.

Fautes de Marc-Aurele au sujet de son fils.

Commode avoit dix-neuf ans, lorsqu'il parvint à l'empire. Impatient de se débarrasser de la guerre, il n'eut rien de plus pressé que de faire la paix avec les barbares, & il l'acheta. A son retour à Rome, il fut reçu avec toutes les marques de l'amour que le peuple conservoit pour les deux Antonins.

Commode achete la paix des barbares. 180

Il parut d'abord avoir quelques égards pour les ministres que Marc-Aurele lui avoit laissés. Mais bientôt il ne donna sa confidence qu'à des affranchis qui faisoient un trafic des emplois, & il n'eut pas honte de partager avec eux les gains infames, qu'il leur laissoit faire. Afin même d'avoir plus de graces à vendre, il désigna pour une seule année, jusqu'à vingt-cinq consuls.

Trafic qu'il fait des emplois.

Il porta l'impudence au point qu'il faisoit écrire sur les regîtres publics, ses actions les plus honteuses.

On conspire contre lui ; sa mort.

192

Aussi odieux que méprisable, il suscita contre lui plusieurs conspirations. La premiere, dans la quelle entra Lucile, sa propre sœur, fut découverte, & coûta la vie à tous ceux que le tyran cruel ou avide enveloppa dans ses proscriptions. Il échappa encore à la seconde: la troisieme en délivra l'univers. Marcia sa concubine, Létus préfet du prétoire, l'affranchi Electe, grand chambellan, découvrirent qu'il avoit résolu leur mort, & ils le prévinrent. Ce monstre fut étranglé par un gladiateur, dans la trente-deuxieme année de son âge & dans la treizieme de son regne.

Pertinax lui succéde.

Létus donna l'empire à P. Helvius Pertinax, soldat de fortune, âgé de soixante-sept ans. Sans naissance ou plutôt d'une naissance vile, ce vénérable vieillard, né d'un esclave, avoit passé par tous les emplois militaires. Marc-Aurele dont il mérita l'estime, lui donna successivement le commandement des armées dans plusieurs provinces, le fit sénateur & l'éleva au consulat. Il étoit alors préfet de Rome. En acceptant l'empire, il réunit les vœux du sénat & du peuple.

Sous le regne précédent, les désordres s'é-

Pendant quatre-vingt & quelques années les Romains avoient été heureux par les vertus des grands princes qui les gouvernoient. Les armées accoutumées à la discipline, avoient oublié qu'elles pouvoient disposer de l'empire, & la sagesse des souverains faisoit regner les loix.

toient tout à coup reproduits.

Sous Commode, le désordre se reproduisit tout à coup. Occupé à corrompre les troupes, ce prince leur apprit qu'il n'étoit puissant que par elles; & dès-lors les soldats ne voulurent plus sur le trône que des tyrans qui, odieux comme lui, fussent intéressés à les ménager.

La Sagesse de Pertinax souleve ses gardes, & il est égorgé.

193.

Pertinax occupé à réformer les abus, veilloit sur toutes les parties du gouvernement. Il acquittoit les dettes de l'état, il retablissoit les finances, il encourageoit l'agriculture, il remettoit la discipline en vigueur & on voyoit déja naître les temps des Antonins. Tant de vertus souleverent les gardes prétoriennes. Létus lui-même les arma contre un prince qu'il n'avoit élevé que par des vues d'ambition; & Pertinax fut massacré, après un regne de trois mois.

L'empire à l'enchere.

Flavius Sulpicianus, son beau pere, demanda l'empire aux soldats. Ils lui déclarerent qu'ils en disposeroient en faveur de celui qui leur en donneroit davantage, & aussitôt ils le mirent à l'enchere. M. Didius Julianus osa se présenter. Les deux concurrents enchérirent l'un sur l'autre, & l'empire fut adjugé à Didius.

Il est adjugé à Didius. M.

Le sénat ne fit aucune difficulté de reconnoître cet empereur. Mais pendant qu'il s'humi-

contentement du peuple.

lioit, le peuple moins capable de dissimulation, se souleva. Il traita Didius d'usurpateur, de parricide: il fit des imprécations contre lui, contre les soldats; & il se retira dans le champ de mars où il passa la nuit & le jour suivant à implorer le secours de tous les généraux, & nommément celui de Niger qui commandoit en Syrie.

Trois Augustes proclamés par leurs troupes. Niger.

C. Pescennius Niger, d'un naissance médiocre, mais grand capitaine, avoit exercé le consulat avec distinction. Appellé par le peuple de Rome, aimé dans son gouvernement & généralement estimé, il fut reconnu dans toutes les provinces de l'Asie. Mais dans le même temps deux autres généraux furent proclamés par leurs troupes, Decimus Clodius Albinus en Bretagne, & L. Septimius Severus en Illyrie.

Albinus.

Albinus avoit de la naissance & du courage, & Marc-Aurele, qui l'avoit employé, avoit paru en faire cas. Il falloit pourtant qu'il eût bien des vices, puisqu'on l'appelloit le Catilina de son siecle.

Et Severe qui marche à Rome.

Severe étoit un mélange de bonnes & de mauvaises qualités. Actif, vigilant, laborieux, faux, sans probité, sans foi, il étoit capable de tout oser, & de porter dans ses entreprises la hardiesse, la confiance & la promptitude. Il marcha sur le champ à Rome.

Didius est abandonné &

A cette nouvelle, les prétoriens abandonnerent Didius qui leur avoit promis plus qu'il n'avoit pu leur donner, & le sénat qui le condamna aussitôt à mort, le fit exécuter dans le palais même. Severe à son arrivée à Rome, reprocha aux gardes prétoriennes, le meurtre de Pertinax, l'empire mis à l'enchere, leur infidélité envers Didius, & il les cassa. Il créa ensuite une nouvelle garde, qu'il composa de soldats de tous pays, & qui, par cette raison, devenoit plus difficile à discipliner. Il paroît même qu'il la forma quatre fois plus nombreuse, cequi fut une nouvelle charge pour l'état, parce que la paye des gardes prétoriennes étoit plus forte que celle des autres troupes.

exécuté. 195

Severe casse les prétoriens & crée une nouvelle garde.

Cependant cette garde, quelque puissante qu'elle fût, ne pouvoit plus se promettre de disposer de l'empire. Les armées lui enlevoient ce droit, le choix d'un empereur devoit être le sujet d'une guerre civile. L'orient & l'occident armoient contre Severe.

L'orient l'occident arment contre Severe.

Dans l'impuissance de faire face à tous ses ennemis, Severe feignant de rechercher l'amitié d'Albinus, le désigna pour son successeur, afin de ne l'avoir pas pour concurrent. Albinus y fut trompé.

Niger perdit trois batailles & la vie. Severe ne pardonna ni aux provinces, ni aux villes ni aux particuliers qui s'étoient déclarés pour son ennemi. Il n'eut aucun égard à la nécessité, qui avoit pu les engager dans ce

Niger est vaincu & tué.

parti ; & ses proscriptions forcerent les soldats de Niger à se retirer chez les Parthes, auxquels ils apprirent l'usage des armes romaines.

Albinus est vaincu & se tue.

198

Les Gaules furent le théâtre de la guerre contre Albinus. Après une bataille sanglante, Ce général vaincu, s'enferma dans Lyon où il se tua, & cette ville fut réduite en cendres. Cruel & avare, Severe poursuivit tous ceux qui avoient eu quelque liaison avec Albinus, & sous ce prétexte il enveloppa dans ses proscriptions un grand nombre de citoyens riches ; vainqueur de ses ennemis, il fit déclarer Auguste, par un décret du sénat, son fils Buscien, auquel il avoit donné le nom d'Antonin, & qu'on nomme Caracalla. Il marcha ensuite contre les Parthes, sur lesquels il remporta de grands avantages.

Politique ruineuse de Severe.

Il avoit pour maxime d'enrichir les gens de guerre & de s'embarrasser peu du reste des citoyens. Avec cette politique, il acheva de perdre la discipline militaire. Cependant il n'enrichissoit pas les soldats, qu'il rendoit aussi dissipateurs qu'avides, & il ruinoit l'empire par des exactions de toute espece. Si cette politique étoit suivie par ses successeurs, comme on avoit lieu de le présumer ; il devoit arriver un temps où les provinces réduites à la misere, ne pourroient plus fournir aux dépenses de l'état, & où cependant il seroit d'autant plus difficile d'enrichir les gens de guerre, qu'on les auroit accoutumés à de plus grandes largesses.

Severe avoit donné toute sa confiance à Plautien, préfet du prétoire ; & cet homme étoit auprès de lui ce que Séjan avoit été auprès de Tibere. Il le gouvernoit entierement. Plautien cependant de la plus basse naissance, banni dans sa jeunesse pour des crimes, abusoit insolemment du pouvoir, & s'enrichissoit par les voyes les plus odieuses. Cette confiance de la part de Severe étonnoit d'autant plus qu'il étoit extrémement jaloux de son autorité, & que d'ailleurs il savoit discerner les hommes de mérite & les employer.

Plautien a toute sa confiance.

Il paroissoit ne manquer au préfet du prétoire que de s'allier de l'empereur. Severe n'eut pas honte de préférer cette alliance à celle des plus illustres familles, & Caracalla épousa la fille de Plautien, qui lui apporta des richesses immenses. Mais ce mariage prépara la ruine du préfet du prétoire. De tout temps odieux à Caracalla, il lui devint plus odieux encore, parce que ce prince avoit été forcé d'épouser une femme qu'il n'aimoit pas. Il connut aux menaces du fils de Severe, à quoi il étoit exposé. Pour prévenir sa perte, il trama une conspiration ; & il perdit la vie, lorsqu'il aspiroit à l'empire.

Mort de ce ministre.

Le Commandement des gardes prétoriennes fut donné à Papinien. Comme le prétoire étoit

Papinien préfet du prétoire.

devenu un tribunal, & que le préfet au nom de l'empereur, jugeoit souverainement, il étoit de la plus grande importance que cette place fût occupée par un homme vertueux, juste & versé dans les loix. Tel étoit Papinien. Ce choix fit d'autant plus d'honneur à Severe, qu'il devint lui-même plus juste & moins cruel, depuis qu'il eut donné sa confiance à ce ministre.

Mort de Severe.

211

Six ans après, lorsqu'il étoit en Bretagne, où il venoit de terminer heureusement la guerre, son fils Caracalla attenta à ses jours, & il mourut d'une maladie, à laquelle le chagrin parut avoir beaucoup de part. Il a regné près de dix-huit ans, & en a vécu soixante six.

Caracalla égorge son frere Géta, & fait mourir Papinien.

Il laissa l'empire à ses deux fils Caracalla & Géta, qu'il avoit faits Augustes. De tout temps odieux l'un à l'autre, ces deux princes se haïrent encore davantage, lorsqu'ils partagerent l'autorité, également vicieux & faits pour les mêmes attentats, ils se tendirent mutuellement des embuches, & il en coûta la vie au plus jeune : Caracalla l'égorgea dans les bras même de sa mere. Il fit ensuite mourir Papinien, qui refusant de justifier ce forfait, lui dit qu'il n'étoit pas aussi facile de justifier un parricide que de le commettre ; & pour appaiser les soldats, il leur donna une augmentation de paye, & il leur prodigua les trésors que son pere avoit amassés.

On pourroit appeller Caracalla, non pas un tyran, mais le destructeur des hommes, remarque M. de Montesquieu, *Caligula, Néron, Domitien bornoient leurs cruautés dans Rome : celui-ci alloit promener sa fureur dans tout l'univers.* En effet, il s'abreuva de sang dans les Gaules, en Asie, & en Egypte. C'est ainsi qu'il regnoit depuis six ans, lorsqu'Opilius Macrinus, préfet du prétoire, le fit assassiner sur le chemin d'Edesse à Carres. Il étoit dans sa trentieme année.

Mort de ce monstre. 218

CHAPITRE VII.

Jusqu'à l'avénement de Valerien.

Objet qu'on se propose dans cette histoire jusqu'à Dioclétien.

LES désordres qui ont commencé à Commode continueront, & iront même en croissant jusqu'au regne de Dioclétien, dans cet intervalle qui est d'un siecle, je n'ai d'autre objet que de considérer comment le despotisme, qui met toute sa confiance dans les soldats, & qui compte pour rien le reste des citoyens, dégénére en une anarchie militaire, pendant laquelle les despotes, précipités presque aussi rapidement qu'élevés, paroissent monter sur le trône comme sur un échaffaut où ils doivent perdre la vie.

Macrin successeur de Caracalla mécontente les troupes.

Macrin né en Mauritanie dans la condition la plus vile, obtint l'empire. Les troupes qui regrettoient Caracalla, ignoroient qu'il en fût l'assassin. Mais il ne tarda pas à les aliéner, parce qu'il voulut les assujettir à la discipline, & les réduire à la solde qu'elles avoient eue sous Severe. Elles furent vaincues par les Parthes, & elles rejeterent sur lui la honte de leurs défaites. Enfin elles découvrirent, ou soupçonnerent au moins qu'il étoit le meurtrier de Caracalla. Une femme profita de ce mécontentement & donna un chef à l'empire.

Mœsa fait donner l'empire à son petit fils Heliogabale: Mort de Macrin. 218

Severe avoit épousé une fille de Bassien, pontife du soleil ou d'Elagabal à Emese en Phenicie; & Mœsa autre fille de ce pontife venoit de quitter la cour après la mort de Caracalla, & s'étoit retirée à Emese avec ses deux filles, Soémie & Mamée, & ses deux petits fils Bassien & Alexien. Elle fit pontife du soleil le plus âgé de ses petits fils, connu sous le nom d'Héliogabale; & bientôt après, elle osa tenter de le faire empereur.

On commençoit deja à croire que la naissance donnoit quelques droits à l'empire. Il falloit même qu'on pensât que le fils naturel d'un Auguste pouvoit y prétendre, avec autant de titre qu'un fils légitime; car Mœsa pour faire réussir son projet, répandit qu'Héliogabale étoit adultere de Caracalla avec Soémie; des soldats qui étoient aux environs d'Emése, & qu'elle corrompit par des largesses, feignirent d'ajouter foi à ce bruit scandaleux, & saluerent empereur Héliogabale. Macrin envoya des troupes qui se joignirent aux rebelles. Vaincu peu après, forcé de s'enfuir, il fut arrêté, & perdit la vie après un an & deux mois de regne.

Mœsa opine dans le sénat.

Héliogabale n'avoit que quatorze ans. Mœsa régna; elle accompagnoit son petit fils au sénat: elle prenoit place auprès des consuls, & opinoit ; une femme sénateur étoit une chose qu'on n'avoit point encore vue & qu'on ne vit plus depuis.

Sa puissance est mal affermie.

Sa puissance étoit néanmoins mal affermie. Héliogabale sans jugement & sans mœurs, se rendoit tous les jours plus méprisable par ses extravagances & par ses sales débauches ; & il étoit d'autant plus difficile de le ramener à ses devoirs que Soémie, sa mere l'entretenoit dans le déréglement. Ce ne fut pas assez pour lui de se livrer stupidement aux vices les plus honteux : il voulut encore insulter aux dieux que Rome adoroit. Il les chassa des temples & il offrit au peuple, comme unique objet de culte, le dieu dont il avoit été le pontife. C'étoit une pierre noire, ronde pas le bas, & qui s'élevoit en forme de cône. Si d'autres monstres avoient été soufferts on ne pouvoit donc pas souffrir long-temps Héliogabale. Les soldats même, malgré ses prodigalités, étoient toujours au moment de se soulever.

Elle cherche un appui dans Alexien qu'elle fait adopter.

Mœsa chercha un appui, & l'empereur, à sa considération, adopta Alexien. Il lui donna les noms de M. Severus Alexander, le fit César, & le désigna consul pour l'année suivante. Il conçut d'abord de l'amitié pour ce fils adoptif. Il se flattoit, sans doute, de l'entraîner dans ses désordres : mais quand il ne vit dans ce jeune prince, que des inclinations honnêtes, il résolut de le faire mourir, ou de casser au moins son adoption. Il ne s'apperçut pas que les soldats s'intéressoient au sort d'Alexandre, & il lui en coûta la vie. Les gardes prétoriennes l'egorgerent, lui & Soémie sa mere; il étoit âgé de dix-huit ans & il en avoit regné près de quatre.

Mort d'Héliogabale. 222

L'épuisement des finances, la licence des troupes, l'avilissement de tous les ordres, & les abus sans nombre introduits sous les derniers regnes, paroissoient demander un prince consommé. Cependant les Romains n'avoient pour les gouverner qu'un enfant de seize ans. Ils furent heureux de l'avoir.

Gouvernement de Severe Alexandre.

Le jeune Auguste se hâta de renvoyer en Syrie le dieu Elagabal qui étoit pour Rome un objet de scandale; & il chassa les hommes corrompus qui avoient contribué aux déréglements du dernier empereur. Ces commencements donnerent de lui les plus grandes espérances.

Il se laissa néanmoins séduire lui-même. Mamée sa mere & Mœsa lui avoient formé un conseil de seize sénateurs, choisis parmi ceux qui passoient pour les plus éclairés & les plus vertueux. Alexandre trompé par des flatteurs, qui l'invitoient à gouverner par lui-même, éloigna de lui ces hommes sages. Heureusement il ne fut pas long-temps à reconnoître sa faute. Il chassa ignominieusement, ceux qui avoient abusé de sa confiance: il voulut que le sénat les poursuivît comme corrupteurs, & quelques uns furent punis de mort. Cet exemple réprima la flatterie, & l'empereur devenu plus circonspect, apprit à choisir ses amis, & fit aimer son gouvernement.

Fin de l'empire des Parthes & commencement du nouvel empire des Perses.

La quatrieme année de son regne, l'empire des Parthes qui subsistoit depuis 476 ans, finit sous Artaban, le dernier des Arsacides. Autrefois redoutables, les Parthes alors amollis avoient préparé leur ruine. Un Perse nommé Artaxerce, souleva sa nation, vainquit Artaban, & jeta les fondements d'une nouvelle monarchie.

Les Perses font la guerre aux Romains.

Les prétextes les plus frivoles sont des titres pour les conquérants. Souvent il ne leur faut qu'un mot, & un mot, en effet, s'il est soutenu par les armes, est un titre aux yeux des peuples stupides; parce que les Perses s'appelloient encore Perses, Artaxerce prétendit avoir des droits sur toutes les provinces qui avoient fait partie de la monarchie des successeurs de Cyrus, & il arma pour en faire la conquête.

On ne sait pas les événements de cette guerre.

232

Alexandre partit pour l'orient & commanda lui même ses troupes. On sait qu'il montra du courage, & qu'il rétablit la discipline par sa fermeté. D'ailleurs les historiens ne s'accordent pas sur les événements de cette guerre. Il paroît seulement qu'à son retour à Rome, l'empereur triompha des Perses.

Severe Alexandre marche contre les

L'année suivante, il marcha contre les Germains qui avoient fait une irruption dans les Gaules, & il les battit. Cependant il n'avoit pas

pas trouvé dans les légions du Rhin la même docilité que dans les troupes de l'orient. Il voulut rétablir la discipline : il parla de punir, les soldats murmurerent, & Maximin qui entretint leur mécontentement, le fit assassiner. Il étoit âgé de vingt-quatre ans, & il en avoit regné treize.

Germains. Sa mort. 235

Maximin salué Auguste par l'armée, s'associa son fils sous le titre de César. De berger devenu soldat, il s'étoit élevé de grades en grades : & fait sénateur sous Alexandre, il avoit obtenu le commandement d'une légion. Une taille gigantesque & une force extraordinaire le faisoient, sur-tout, remarquer. Il étoit Goth. C'est le premier empereur d'origine barbare. Il ne signala son regne que par des cruautés.

Maximin empereur.

Il étoit encore dans les Gaules, lorsqu'en Afrique, un de ses intendants, le ministre de ses rapines, ayant été assassiné ; les meurtriers pour s'assurer l'impunité, offrirent l'empire au proconsul de la province, Gordien qui descendoit des Gracques. Agé de quatre-vingts ans, ce nouvel empereur prit son fils pour collegue. Il écrivit sur le champ au sénat qui le fit reconnoître, & on arma dans toute l'Italie contre les deux Maximins.

Les deux Gordiens créés Augustes.

Mais lorsqu'à Rome on prenoit des mesures pour assurer l'empire aux deux Gordiens, ils n'étoient déja plus. Ils avoient été tués l'un & l'autre, quelques jours après leur proclamation.

Trois Augustes élus par le sénat.

Comme il n'étoit plus possible de revenir à Maximin, le sénat créa Auguste Maxime & Balbin; & parce que le peuple déclara qu'il vouloit un prince de la famille des Gordiens, il associa à ces deux empereurs un enfant de treize ans, fils du jeune Gordien, mort en Afrique.

Mort de Maximin, de Maxime & de Balbin.

238

Pendant que ces choses se passoient à Rome, les deux Maximins qui assiégeoient Aquilée, furent égorgés par leurs soldats, & l'armée reconnut les empereurs que les sénat avoit élus. Mais trois mois après, les gardes prétoriennes tuerent Maxime & Balbin, & déclarerent le jeune Gordien seul Auguste.

Sort des empereurs pour s'être mis dans la dépendance des soldats.

Pour être absolus, les empereurs s'étoient mis dans la dépendance des soldats. Ils périssoient, s'ils vouloient rétablir la discipline; & s'ils ne la rétablissoient pas, ils périssoient encore. Toujours exposés aux caprices d'une multitude séditieuse, ils n'étoient pas assurés d'un instant de vie. Ils n'avoient que le pouvoir de commettre des crimes.

Regne de Gordien.

Gordien n'étoit pas né pour le vice; mais à son âge, il avoit besoin d'être éclairé: & cependant il fut livré par sa mere à des affranchis qui regnerent sous son nom. Il se seroit rendu méprisable & odieux, s'il avoit eu la foiblesse de se laisser gouverner long-temps par de pareils ministres. Chose singuliere, dans un prince mal entouré! il voulut approcher de lui un homme vertueux & instruit, & il le trouva. Cet homme se nommoit Misithée, L'empereur pour se l'attacher, en fit son beau pere; il n'avoit alors que seize ans.

Eclairé par Misithée qui lui dévoila les iniquités de ses ministres, il se hâta de réparer le mal qu'il avoit laissé faire; & déterminé à suivre désormais les conseils de cet homme sage, il le fit préfet du prétoire, & lui donna les titres de pere des princes & de tuteur de la république.

Vers la fin de la quatrieme année de son regne, il ouvrit le temple de Janus, cérémonie qui paroît s'être alors observée pour la derniere fois. L'empire avoit la guerre avec Sapor, fils & successeur d'Artaxerce, & les Romains avoient perdu la Mésopotamie. Gordien repoussa les Perses au de-là des frontieres de l'empire, mais il perdit son beau pere.

Misithée avoit été tué par la trahison de Philippe. Gordien qui l'ignoroit, nomma préfet du prétoire Philippe même. Ce traître le fit périr, & usurpa l'empire; il étoit fils d'un Arabe, chef de Brigands.

Il est assassiné par Philippe qui lui succéde.

244

Philippe fit la paix avec Sapor, revint à Rome, & fut égorgé par ses soldats, lorsqu'il marchoit contre Décius que les légions d'Illyrie avoient salué empereur. Dans cet intervalle périrent encore deux Augustes, qui avoient été proclamés, l'un par l'armée de Syrie, & l'autre par celle de Mœsie.

Mort de Philippe & de deux autres Augustes.

Mort de Décius.

249

Décius, d'un Bourg d'Illyrie, province qui donnera plusieurs chefs à l'empire, n'a regné que deux ans, ce furent des temps de troubles. Il périt dans la guerre contre les Goths, & vraisemblablement par la trahison de Gallus qui lui succéda, & dont on ignore la famille & la patrie.

De Gallus & d'Emilien.

Pour obtenir la paix, Gallus se rendit tributaire des Goths, & après un regne de dix-huit mois, pendant lequel la peste ravagea plusieurs provinces, ses soldats le tuerent, pour passer dans le parti d'Emilien que les légions de Pannonie venoient de proclamer, celui-ci périt de la même maniere au bout de trois mois; & P. Licinius Valerianus qui étoit venu au secours de Gallus, fut fait empereur, il s'associa son fils Gallien.

Valerien proclamé empereur s'associe son fils Gallien.

253

CHAPITRE VIII.

Jusqu'à l'avenement de Diocletien.

L'EMPIRE étoit attaqué de toutes parts; les peuples du nord pénétrerent jusqu'en Italie, & les Francs qui parurent pour la premiere fois, ravagerent les Gaules. A ces Barbares Valerien opposa d'habiles généraux. Il les savoit choisir, & on a remarqué que tous sont parvenus à l'empire; quant à lui, il marcha contre Sapor.

Valerien oppose ses généraux aux Barbares.

Ce prince avoit rempli toutes les magistratures avec distinction. Il avoit de la naissance, des connoissances, des mœurs; & tant qu'il ne fut que particulier, personne ne parut plus digne de l'empire. Mais dans les circonstances où il se trouvoit, & qui demandoient de la célérite, une lenteur naturelle qui ne lui permettoit ni de se déterminer promptement, ni d'agir à propos, rendoit presque inutiles les meilleures qualités qu'on lui connoissoit; aussi pendant que ses généraux repoussoient de toutes parts les ennemis, il perdit en Asie des provinces & la liberté. La septieme année de son

Il marche contre les Perses & il est fait prisonnier.

260

regne, il fut livré à Sapor qui lui fit souffrir toutes sortes d'outrages.

Etat déplorable de l'empire sous Gallien.

La captivité de Valerien parut être l'avant-coureur de la ruine de l'empire. Sous Gallien son fils qui regna seul pendant huit ans, Sapor envahit presque toute l'Asie. Les Barbares porterent le ravage dans les Gaules, dans la Grece, dans l'Italie, & les Francs pénétrerent en Espagne d'où ils passerent en Afrique.

Sans défense contre tant d'ennemis, les provinces furent encore dévastées par les armées romaines, qui se révolterent & qui donnerent chacune des chefs à l'empire; pendant cette confusion, sur laquelle les historiens jettent peu de lumiere, on compta jusqu'à trente tyrans qui prirent le titre d'Auguste, & Gallien se vit à peine maître de l'Italie. L'incapacité de ce prince, plongé dans la débauche, fut la principale cause des calamités publiques.

Circonstances qui retardent la chûte de l'empire.

L'anarchie militaire étoit enfin parvenue à son dernier période; mais il est inutile de s'arrêter sur ces temps malheureux, & il l'est encore plus d'étudier l'histoire de ces tyrans qui, dans un espace fort court, périrent presque tous de mort violente; bornons nous à observer les circonstances qui retarderent la chûte de l'empire.

Si les Barbares n'envahirent pas les provinces qu'ils ravageoient, c'est qu'ils ne songeoient point encore à faire des établissements; ils ne vouloient que piller.

Odonat Prince de Palmyre.

Sapor auroit vraisemblablement achevé la conquête de l'Asie, s'il n'avoit eu que les Romains à combattre; mais Odonat prince de Palmyre, le vainquit & le repoussa jusques dans la Perse.

Allié des Romains, Odonat leur fut toujours fidele. Gallien l'associa à l'empire & triompha pour les victoires que ce Général avoit remportées. Odonat cependant étoit seul maître de l'orient.

Mort de Gallien. Claude lui succéde. 268

Enfin Gallien périt dans une conspiration; & quatre grands hommes qui, par un bonheur inespéré, se succéderent, sauverent l'empire. Le premier fut M. Aurelius Claudius, un des généraux de Valerien.

Zenobie maîtresse de l'orient. Deux Augustes, Tetricus & Auréolus.

Odonat étoit mort, & Zenobie sa femme, maitresse de la plus grande partie de l'Orient, avoit conquis l'Egypte, & secoué le joug des Romains. Il restoit encore deux Augustes: Tetricus qui tenoit sous sa domination les Gaules & l'Espagne; & Auréolus, à qui l'Illyrie obéissoit, & qui avoit conduit une armée dans le Milanés. Enfin les Allemands, les Goths, & d'autres Barbares continuoient leurs irruptions.

Mort d'Auréolus. Défaite des Goths.

Claude marcha contre Auréolus qui perdit la bataille & la vie ; & il vainquit les Allemands & les Goths. On prétend que ceux-ci laisserent sur le champ de bataille plus de trois cens mille hommes. Mais la peste qui

Mort de Claude.

270

étoit dans leur camp, se communiqua aux Romains, & elle enleva Claude sur la fin de la seconde année de son regne.

Aurelien qui lui succéde est le restaurateur de l'empire.

Aurélien qui lui succéda, avoit encore été un des généraux de Valerien ; il ne regna que cinq ans, & cependant il fut le restaurateur de l'empire. Non-seulement, il recouvra les provinces perdues, il travailla encore avec succès à rétablir l'ordre, bannissant les brigues, les violences & les délations. Une si grande réforme demandoit, sans doute, de la fermeté ; mais il est fâcheux que pour être sévére, il ait quelque fois été cruel.

Il triomphe des Barbares.

Les Allemands avoient ravagé les Milanés, & se repandoient dans l'Ombrie. Aurelien, d'abord vaincu près de Plaisance, les vainquit à son tour dans plusieurs combats, & les extermina ; ayant ensuite passé les Alpes, il défit les Vandales qu'il força à demander la paix.

Zenobie.

Sa principale guerre fut contre Zenobie ; cette femme célébre, remplie de connoissances, courageuse, & capable même des fatigues de la guerre, paroissoit n'avoir aucune des foiblesses de son sexe, quoiqu'elle en eût la beauté. Elle gouvernoit avec humanité les peuples qu'elle avoit soumis, & faisoit aimer sa domination.

Dans le dessein de recouvrer les provinces qu'elle avoit enlevées à l'empire, Aurelien arma, & prit la route de Bysance. Il chassa les Barbares qui inondoient l'Illyrie, & la Thrace, passa l'Hellespont, se rendit maître de la Bithynie sans résistance, & successivement vainqueur à Immes, à Daphné, à Emese, il mit enfin le siege devant Palmyre.

Aurelien arme contre elle. Ses succès.

Cette place entourée de deserts où il étoit difficile qu'une armée subsistât, ne paroissoit pas devoir être forcée. Les Perses, les Armeniens, les Sarrasins étoient venus à son secours, & elle avoit des munitions pour soutenir un long siege; mais Aurélien ayant vaincu les Perses, engagea les Armeniens & les Sarrasins à se joindre à lui; & par les précautions qu'il prit, son armée se trouva dans l'abondance, lorsque les assiegés commençoient à manquer de vivres. Alors Zenobie ayant tenté d'aller chercher elle-même de nouveaux secours chez les Perses, fut faite prisonniere, & Palmyre ouvrit ses portes.

Zenobie faite prisonniere. 272.

L'empereur avoit repassé en Europe, quand les Palmyriens révoltés le forcerent à revenir sur ses pas. Il se vengea cruellement. Palmyre fut rasée, & tous les habitants massacrés sans distinction. Il soumit ensuite l'Egypte, où Firmius avoit ramassé les restes du parti de Zenobie.

Ruine de Palmyre.

Aurelien maître de tout l'empire.

Il ne restoit plus à l'empereur qu'à recouvrer les Gaules, l'Espagne & la Bretagne; c'est à quoi Tetricus, fatigué des séditions continuelles de ses troupes, l'invita lui-même. L'empire se trouva donc rétabli dans ses limites, à la Dace près qui n'en faisoit partie que depuis Trajan; en abandonnant cette province, l'empereur en transporta les habitants dans la Mœsie.

Quoique toutes les provinces fussent réunies sous un seul chef, l'empire étoit foible par lui même.

Par la réunion de toutes les provinces sous un seul chef, l'empire paroissoit rétabli; en effet, il l'étoit autant qu'il pouvoit l'être, & c'est pourquoi, j'ai dit qu'Aurelien en a été le restaurateur. Mais dans l'état où sous les derniers regnes, l'anarchie militaire l'avoit réduit, ce n'étoit plus, dans le vrai, qu'un colosse sans forces; & il avoit en lui-même tous les principes de destruction qui naissent du despotisme & de la corruption des mœurs. S'il lui arrivoit par intervalles de montrer encore quelque vigueur, il le devoit uniquement aux talents des chefs qui le gouvernoient.

Mort d'Aurelien.
275

Maître de toutes les provinces de l'empire, Aurelien voulut venger sur les Perses les guerres que Sapor avoit faites aux Romains, & il arma. Il étoit dans la Thrace, lorsque son affranchi Mnesthée, craignant d'être puni pour ses extorsions, contrefit l'écriture de son maître, & fit une liste de proscrits où il mit les noms des principaux capitaines. Cette liste montrée à ceux qui crurent leurs jours ménacés, fut la cause d'une conspiration qui coûta la vie à l'empereur. Peu après l'imposture ayant été découverte, Mnesthée fût livre aux bêtes, & tous les conjurés furent punis, les uns sur le champ, par l'armée, les autres, dans la suite, par les successeurs d'Aurelien.

Ordre qui survit à Aurelien.

Dans la crainte de donner l'empire à un de ceux qui avoient eu part à la mort d'Aurelien, l'armée invita le sénat à nommer lui-même l'empereur; & le sénat, au lieu de saisir cette occasion de rentrer dans ses droits, renvoya le choix à l'armée. Cette modération, à laquelle on ne s'attendoit pas, se soutint & occasionna un interregne de huit mois; l'armée & le sénat continuant de céder à l'envi l'un de l'autre; ce qui étonna encore, c'est le calme qui regna pendant cet interregne. Il n'y eut de soulevement ni parmi le peuple, ni parmi les soldats: aucun général ne tenta d'usurper l'empire: aucun même ne brigua pour l'obtenir. Rien ne pouvoit donner une plus grande idée de l'ordre, qu'Aurelien laissoit après lui.

Regne de Tacite.

Tacite élu par le sénat, n'accepta qu'à regret, il étoit âgé de soixante - quinze ans; on ne sait pas ce qu'il avoit fait jusqu'alors: on voit seulement qu'il jouissoit d'une grande considération; son regne ne dura que six mois; il fut assassiné en Cilicie, lorsqu'il venoit de chasser les Barbares.

Probus élu empereur. Ses qualités. Son regne.

Florien son frere se saisit de l'empire & le perdit presque aussitôt avec la vie: l'armée de Syrie l'ayant donné à Probus, que Tacite avoit proposé lui-même, lorsqu'il se refusoit aux instances du sénat.

Probus, né en Pannonie, d'une famille obscure, est encore un des capitaines que Valerien avoit employés. Comme il avoit servi dans des temps, où l'empire étoit attaqué de toutes parts, il n'y avoit point de province où il n'eût laissé des preuves de valeur & de capacité. Homme de guerre, il étoit encore homme d'état, & on estimoit ses mœurs.

Les cinq premieres années de son regne furent une suite de guerres & de succès; & la sixieme, il venoit de donner la paix à l'empire lorsqu'il périt dans une sédition. Les troupes se révolterent, parce qu'il voulut les employer à des travaux utiles.

Sa mort. 282

Carus & ses deux fils Carin & Numérien. 283

Le préfet du prétoire, Carus, né à Narbonne, lui succeda, fit une recherche des séditieux, les punit, & s'associa ses deux fils, Carin qu'il envoya commander dans les Gaules, & Numérien, qu'il emmena avec lui contre les Perses. Il défit les Sarmates, & il conquit la Mésopotamie; mais il ne regna qu'un an. Il mourut dans sa tente d'un coup de foudre. Le bruit en courut au moins; il paroît cependant qu'il fut assassiné par Aper, préfet des gardes prétoriennes, & beau pere de son fils.

Numerien ; ce qui confirma ce soupçon, c'est que Numerien qui ramenoit l'armée victorieuse, fut poignardé quelques mois après par ce même Aper.

284

Avenement de Dioclétien

Dioclétien alors salué empereur, vengea ces meurtres. Il tua lui-même Aper en présence de l'armée; & l'année suivante, Carin ayant été tué par ses propres soldats, il resta maître de l'empire.

CHAPITRE IX.

Depuis l'avénement de Dioclétien jusqu'en 325, que Constantin seul maître de l'empire, donne la paix à l'église.

Quel est Dioclétien.

284

DIOCLETIEN, Dalmate, né à Dioclée d'où il tiroit son nom, avoit été, suivant quelques historiens, l'esclave d'un sénateur qui l'affranchit. Sous Aurelien & sous Probus, il parvint par degrés au commandement. Il fut comte des domestiques sous Numerien; & en cette qualité, il commandoit un corps que les empereurs qui redoutoient les prétoriens, avoient créé pour les garder dans l'intérieur du palais. Il dût sa fortune à ses talents; il montra même des vertus, tout barbare qu'il étoit, ou plutôt parce qu'il étoit barbare : car les Romains qu'on regardoit comme le seul peuple policé, étoient arrivés au dernier degré de corruption.

Il s'associe Maximien.

Dioclétien prit pour collegue Maximien Hercule, soldat de fortune comme lui, né près de Sirmich, de parents très pauvres. Il lui donna les provinces Occidentales, & il se réserva l'Orient. Mais ces deux Augustes partagerent moins les provinces, que les soins du gouvernement; ils vécurent dans la plus grande intelligence, & l'empire parut n'avoir qu'un chef.

Objet du plan qu'il formoit.

Par le plan que Dioclétien formoit, il se proposoit de détruire l'anarchie militaire. Il pensoit que les deux principales armées, contenues par la crainte de trouver un vengeur, contiendroient encore toutes les autres; & que par conséquent, les deux Augustes se fortifiroient mutuellement contre les séditions des soldats.

Guerres qui troubloient l'empire.

Cependant plusieurs chefs de rebelles dans les Gaules, en Bretagne, & en Egypte, entreprirent encore de se faire proclamer empereurs, & ces guerres intestines n'étoient pas les seules: les peuples du Nord continuoient leurs irruptions, & on avoit à se défendre contre les Perses.

Dioclétien & Maximien créent Césars, Galere & Constance.

Pour faire face à tant d'ennemis, Dioclétien quelque temps après s'être associé Maximien Hercule, imagina de créer deux Césars. Il nomma Maximien Galere, & son collegue choisit Constance Chlore; ils leur donnerent le titre de pere de la patrie, celui de souverain pontife, la puissance tribunicienne: en un mot, ils les rendirent égaux à eux, au titre d'Auguste près.

Partage des provinces entre ces quatre princes.

Dioclétien confia l'Italie, l'Afrique, & les îles de la Méditerranée à Maximien Hercule, les Gaules, la Bretagne & l'Espagne à Constance, la Grece, la Thrace & l'Illyrie à Galere, & il continua de commander dans les provinces orientales; ce partage ne divisoit pas l'empire. Les loix se publioient aux noms des quatre princes; & l'autorité de chacun d'eux étoit reconnue dans les départements de ses collegues comme dans le sien.

Ce plan vicieux se soutient par le génie de Dioclétien.

Ce plan vicieux en lui-même se soutint: mais ce fut uniquement par le genie de Dioclétien. C'est une espece d'Anarchie que quatre princes égaux, qui avoient chacun séparément des provinces & des armées, & il en devoit naître des troubles tôt ou tard. Il est vrai que tant qu'ils gouverneront de concert & sans jalousie, ils en seront plus puissants pour réprimer les abus: mais cette intelligence ne se maintiendra, qu'autant qu'un d'eux prendra sur les autres une supériorité, que le caractère assure bien mieux que les titres; tel fut Dioclétien: il parut créer des princes égaux à lui, & dans le fait, il ne créa que des lieutenants.

Circonstances où ce prince abdique l'empire.

305

L'ordre se rétablit donc, l'empire déploya toutes ses forces contre les ennemis, & les quatre Césars signalerent chacun ce regne par des victoires. C'est dans ces circonstances que Diocié-

Dioclétien abdiqua. Il sortoit d'une maladie longue & dangereuse, qui lui laissoit quelques absences ; il a regné vingt-ans.

Il est heureux dans sa retraite.

On raisonna différemment sur cette abdication ; ses partisans admiroient sa grandeur d'ame, & le trouvoient bien sage d'abandonner le gouvernement, lorsque l'empire ne pouvoit plus que tomber. Ses ennemis, au contraire, le représentoient comme un homme foible qui avoit cédé aux menaces de Galere ; il est vrai, que celui-ci attendoit ce moment avec impatience: mais, il est vrai aussi, que Dioclétien ne se repentit jamais de sa démarche. Il vécut encore près de neuf ans en Dalmatie, cultivant son jardin, & disant qu'il n'avoit commencé à vivre que du jour de sa retraite.

Maximien Hercule qui abdiqua malgré lui, se retira dons la Lucanie, & tenta plusieurs fois de reprendre la pourpre. Si vous pouviez voir les légumes que j'ai semés, lui écrivoit Dioclétien, qu'il sollicitoit de se joindre à lui, vous ne me conseilleriez pas de changer mon jardin contre l'empire.

Ce qui a fait la puissance des Romains depuis Auguste jusqu'à Marc-Aurele.

Depuis Auguste jusqu'à Marc-Aurele, les Romains se soutinrent sous les bons empereurs, par leurs propres forces bien ménagées ; & sous les mauvais par l'habitude où l'on étoit de les craindre : on les redoutoit, moins parce qu'ils pouvoient vaincre, que parce qu'on se souvenoit de leurs victoires.

Leur foiblesse depuis Marc-Aurele jusqu'à Dioclétien.

Depuis Marc-Aurele jusqu'à Dioclétien, tout concourut à leur ruine ; les plus grands succès furent sans fruit : il ne leur resta que la gloire de se défendre ; & ils se ruinoient par leurs victoires. Les guerres civiles & les guerres étrangeres concouroient à dépeupler les provinces ; les dévastations des barbares les appauvrissoient ; les abus qu'on pallioit par intervalles & qui se reproduisoient avec plus de violence, augmentoient continuellement le désordre, & les impôts qui se multiplioient d'autant plus qu'il restoit moins de ressources, achevoient de mettre le comble à la misere.

Depuis Dioclétien l'empire s'épuise de plus en plus.

Sous Dioclétien, quatre princes & quatre grandes armées furent un surcroit de charges, que l'état ne pouvoit supporter qu'en s'épuisant de plus en plus. C'est néanmoins dans ces circonstances que le faste asiatique s'introduisoit à la cour des empereurs, faste qui coûtera quelque fois aux peuples, autant que l'entretien même des armées.

Alors Rome cessa d'être le centre des richesses de l'empire, parce que les empereurs n'y vinrent presque plus ; elle s'appauvrissoit donc sensiblement, & cependant on continua d'assujettir l'Italie aux mêmes impositions qu'elle payoit auparavant.

Il manque de soldats. Pourquoi.

Enfin l'empire dont les richesses s'épuisoient, manquoit encore de bras pour le défendre. Comme avant Dioclétien, » la condition des soldats étoit la seule heureuse, depuis que les armées disposoient de la dignité impériale, & que prendre le parti des armes, c'étoit changer sa qualité d'esclave en celle d'oppresseur & de tyran; l'empire trouvoit toujours à sa disposition plus de milice qu'il n'en avoit besoin. » Mais lorsque ce prince eut accoutumé les légions à l'obéissance; » les armées n'étant plus en état de déposer les empereurs, de piller les peuples, & de se faire donner arbitrairement des gratifications, le sort des soldats ne fut plus envié, & personne ne voulut porter les armes; les citoyens les plus distingués par leur naissance, n'ambitionnerent que les magistratures, ou ne voulurent être que courtisans sous des empereurs, qui s'amollirent sur le trône, dès qu'ils ne craignirent plus de le perdre, & qui consommerent en peu de temps les richesses, échappées à l'avidité des Barbares; à l'égard du peuple, quoiqu'accablé sous le poids des impositions & des charges publiques, il préféroit l'oisiveté & la pauvreté de ses maisons, aux périls laborieux de la guerre. Les légions, n'étoient plus composées que d'hommes enlevés avec violence de leur famille; & sans que j'en avertisse,

» on doit sentir que les armées perdirent ce reste de courage qu'elles avoient conservé jusques-là.

Les empereurs sont réduits à prendre des barbares à leur solde.

» Dans cette extrémité, les empereurs » pour ne pas laisser l'empire ouvert aux in- » cursions de ses ennemis, traiterent avec quel- » ques tribus de Barbares, qui de leur côté ne » subsistoient qu'avec peine, depuis que les pro- » vinces Romaines épuisées & presque déser- » tes, n'offroient plus qu'un butin médiocre » à leur avarice. Ces princes les prirent d'abord » à leur solde pour quelque expédition particu- » liere; ils les reçurent ensuite sur les terres » de leur domination comme auxiliaires, & » s'en firent un boulevard contre les autres » Barbares. Ce n'est qu'avec le secours des » Goths que Dioclétien même pacifia l'Egyp- » te, & que Maximien battit les Perses, péné- » tra dans les états de Sapor, & réduisit ce prin- « ce à demander la paix. Il est certain, dit Jor- » nandes, que sans les Barbares qui combatti- » rent pour les Romains, jamais les empereurs » n'auroient, depuis Dioclétien, pu former » d'entreprises considérables; mais il est enco- » re plus certain que cette ressource devoit en- » fin être fatale à l'empire. « (*) En effet, les Barbares qui apprenoient l'art de la guerre, n'avoient qu'à remarquer qu'ils faisoient la

(*) Observations sur les Romains. Liv. VI pag. 358. & suivantes.

principale force des armées Romaines. Voilà l'état où se trouva l'empire sous les successeurs de Dioclétien, on prévoyoit que les Barbares feroient la conquête des provinces, lorsqu'ils armeroient pour former des établissements.

Galere, Dace & fils d'un paysan, conservoit toute la grossiereté de sa premiere éducation; d'ailleurs il étoit brave & bon capitaine. On trouvoit dans Constance le même courage & la même connoissance de la guerre, & on louoit sa modération & sa justice. Il étoit fils de Claudia, Niece de Claude II. Ces deux Augustes gouvernerent indépendamment l'un de l'autre, & l'empire fut réellement divisé.

Sous Galere & sous Constance, l'empire est divisé.

Galere créa Césars deux paysans d'Illyrie, Severe & Maximin, qui n'étoient pas connus des soldats. Il les avoit choisis comme deux hommes qui dépendroient entierement de lui, & auxquels il pourroit tout ôter, lorsqu'il auroit dépouillé son collegue.

Severe & Maximin Césars.

Sur ces entrefaites, Constance mourut & eut pour successeur Constantin son fils, qui fut salué empereur par l'armée, & qui se maintint, quoique Galere refusât de le reconnoître. Il y avoit donc quatre princes : il s'en éléva encore deux. Maxence qui étoit à Rome, ayant été proclamé Auguste par les troupes de la ville, engagea son pere, Maximien Hercule à reprendre le même titre.

Constantin succéde à Constance. 306

Maxence proclamé Auguste.

Mort de Sévere. Galere en Italie. Licinius créé César.

A cette nouvelle, Sévere ayant eu l'imprudence de marcher à Rome avec les légions qui avoient servi sous Maximien, fut abandonné & perdit la vie. Galere vint aussitôt en Italie; mais comme il n'avoit jamais vu Rome, & qu'il n'avoit pas imaginé de prendre des informations sur la grandeur de cette ville, il ne se trouva pas assez de forces pour en former le siege. Une partie de ses troupes passa même du côté de Maxence, & il fut contraint de se retirer avec le reste. Alors il nomma César, à la place de Sévere, Licinius, autre paysan d'Illyrie.

Mort de Maximien Hercule. 310

Au milieu de ces troubles, Maximien Hercule qui tendoit des pieges, tantôt à son propre fils, tantôt à Constantin, perdit enfin la vie à Marseille. Fausta sa fille, femme de Constantin, découvrit elle-même la conspiration qu'il avoit tramée contre son mari.

Licinius maître de tout l'Orient. 312

Galere mourut l'année suivante; Licinius & Maximin qui se partagerent ses états, armerent bientôt l'un contre l'autre, & le premier resta maître de tout l'Orient.

Mort de Maxence.

D'un autre côté, comme Maxence menaçoit de venger la mort de son pere, Constantin passa les Alpes, & Maxence vaincu, se noya dans le Tibre, lorsqu'il voulut rentrer dans la ville. C'est à cette guerre qu'on rapporte la conversion de Constantin.

Les deux empereurs qui restoient, parurent rechercher la paix ; Licinius épousa même la sœur de son collegue. Mais ayant armé quelques années après, il fut vaincu ; & c'est alors que Constantin, seul maître de l'empire, fit cesser la persécution contre l'eglise.

Constantin seul maître de l'empire.

325

Arrêtons nous, Monseigneur, à cette époque, où commence un nouvel ordre de choses. Il s'agit maintenant de mettre sous vos yeux l'histoire de la religion, étude qui demandoit quelques connoissances de l'histoire Romaine.

Pourquoi on s'arrête à cette époque.

FIN du neuvieme volume.

www.ingramcontent.com/pod-product-compliance
Lightning Source LLC
Chambersburg PA
CBHW050504270326
41927CB00009B/1889

* 9 7 8 2 0 1 1 8 6 3 2 0 1 *